探访造物者系列

世界地理大揭秘

主编◎刘小沙

WUHAN UNIVERSITY PRESS

武汉大学出版社

图书在版编目（CIP）数据

世界地理大揭秘 / 刘小沙主编. —— 武汉：武汉大学出版社，2013.6

ISBN 978-7-307-11118-9

Ⅰ.①世… Ⅱ.①刘… Ⅲ.①地理–世界–青年读物②地理–世界–少年读物 Ⅳ.①K91–49

中国版本图书馆 CIP 数据核字（2013）第 146428 号

责任编辑：瞿 嵘 雷文静

出版发行：**武汉大学出版社** （430072 武昌 珞珈山）

（网址：www.wdp.com.cn）

印 刷：永清县晔盛亚胶印有限公司

开 本：787mm×1092mm 1/16

印 张：12

字 数：150 千字

版 次：2013 年 6 月第 1 版

印 次：2013 年 7 月第 1 次印刷

书 号：ISBN 978-7-307-11118-9

定 价：23.80 元

前　言

　　从浩瀚神秘的宇宙到绚烂多姿的地球，从远古生命的诞生到恐龙的兴盛和衰亡，从奇趣无穷的动植物王国到人类成为世界的主宰，地球经过了沧海桑田的巨大变化，而人类也在这变化中不断改变、不断进步，从钻木取火、刀耕火种的原始社会逐步向机械化、自动化、数字化的社会迈进。

　　在时光的变迁中，灾难与机遇并存，社会每前进一步都会带来知识的更迭和文明的更新。随着人类知识的增长，对世界认识的加深，疑惑也接踵而至。人类开始思考和探寻：为什么我们会生活在地球中？为什么人类能成为这个世界的主宰？难道恐龙真的存在过吗？

　　每一个问题都值得我们用毕生的经历去探寻与解答。随着科学知识的发展，我们对宇宙和生命的认识和了解也不断加深，知道了很多我们无法想象的宇宙奥秘。但生命的课题实在太深奥，造物者的伟大几乎无人能及，我们所掌握的所有信息和知识只不过是世界的冰山一角。

　　除了宇宙和生命的奇迹，造物者带给我们的惊喜还有很多。古老的地球，从诞生的那一刻起，就在接受造物者的改造。而今，呈现在我们面前的，便是一个又一个令人震撼的奇景：山川飞瀑，绝壁峭崖，深谷幽峡，怪石奇洞，大漠黄沙……任何一处奇观都美得让人窒息，奇得令人惊叹。比如那雄奇峻伟的喜马拉雅山，一望无垠的撒哈拉沙漠，面积与法国相当的南极洲罗斯冰架，地球最深的伤痕东非大裂谷，还有保存完整的西非原始森林等。

大自然创造了这么多奇观，让人类在拜服它的神奇魔力的同时，不禁产生了疑问，造物者到底是如何做到这些的？其中是否蕴藏着更多让人惊叹的奥秘？

人类的好奇心永远不会得到满足，我们也绝不会停止探索的脚步。《探访造物者系列》用生动流畅的语言，加上精美绝伦的图片，向读者全方位展示了造物者进行伟大创造的全过程，带领我们慢慢地靠近那神秘诡异、扑朔迷离的神奇地域，深入地了解宇宙奥秘，探寻生命的延续过程。

目 录

第一章　五花八门的世界地理奇观

神奇的南极

　　有关南极洲的秘密，有一个奇异的传闻。比利时不明飞行物研究中心工作的研究员埃德加·西蒙斯、本·冯·普雷恩和亨克·埃尔斯豪特等公开声称：南极洲存在着一些德国纳粹的基地。比利时学者说，德国人当时有三个计划：制造原子弹、开发南极洲、研制圆形盘状飞船。在第二

冰雪覆盖的南极

次世界大战后期，德国的潜艇很有可能把德国的科学家、工程师和器材运到了南极洲。1939 年之前，希特勒曾经将他的亲信阿尔佛雷德·里切尔派到南极实地考察过。所以，纳粹余党把南极洲当做基地进行飞碟研究并不是胡乱猜测。西班牙一位 UFO 研究专家安东尼奥·里维拉声称：如果我们认为，纳粹德国的科学家和军人的确来到了南极洲，那么人们完全有理由相信，除了真正的外星 UFO 外，南极洲也可能存在着地球人制造的另一种 UFO。

科尔卡峡谷探秘

在秘鲁境内高不可攀的安第斯山脉高处，有一个十分隐蔽的峡谷，深度比美国科罗拉多大峡谷多两倍，是世界最深的峡谷。这个峡谷叫做科尔卡峡谷。它是科尔卡河冲刷侵蚀地表形成的深沟，沟壑深不可测。这里与世隔绝，罕有人至。若有人不怕艰辛来到此地，可观赏到非常罕见的景色，巍巍高山裂开一道口子，仿佛快刀砍成。裂隙底部是科尔卡河，雨季奔腾澎湃。在河面之上 3200 米处，群山环绕，积雪的山峰高耸入云。

驼羊

峡谷风俗

虽然这里的山区并不富裕，千百年来却一直有人居住。居民在较低的山麓种植作物，饲养驼羊，生活很艰苦。在科尔卡峡谷的一个山谷里有一座名叫科拉瓜塔的死火山，当地居民将这座死火山视为圣山。他们头戴模仿这座山的形象的尖顶帽，并为孩子缠头，使他们的头变尖。16 世纪 70 年代，西班牙人占领了这里，才禁止了这一民俗。

峡谷地貌

群山的另一边是火山谷，里面有许多锥形火山，顶部为圆形火山口。景象很奇特，令人想起月球表面。火山谷长 64 千米，谷内共有 86 座死火山渣堆。有些高达 300 米，有的四周是田野，有的四周堆满凝固的黑色熔岩。在火山谷中间，有一条布满沙石的酷热沟谷，叫做托罗穆埃尔托沟谷，无数白色巨砾散布谷内。不少石砾上刻有几何图形、太阳、蛇、驼羊以及戴着头盔的人。这些图案和符号是谁留下的呢？有人猜测巨砾可能是火山隆起留下的，可是，谁在上面刻下了图案呢？有人认为 1000 多年前，某些游牧部族从山区迁移到海岸，在这里居住，留下了石刻图画。有人推测，戴着头盔的人是外星人。难道在 1000 多年前，就曾有人看到过外星人？人们不得而知。

峡谷生态

这里的土地贫瘠，山坡上只有一些长刺的蒲雅属植物，高约 1.2 米，主干很粗，利刃般的叶子向四面八方伸出，叶子边缘有弯钩，以避免被动物吞吃。因为树木太少，小鸟只能冒着被刺伤的危险，在蒲雅叶间筑巢。叶间的小鸟尸骸，说明有许多鸟巢曾经成为死亡陷阱。有些生物学家认为，蒲雅有消化鸟尸的化学物质，能把小鸟"吃掉"。

美国翻车地带

奇怪的是，在美国爱达荷州的州立公路上，离因支姆麦克蒙 14.5 千米的地方，也有一个被司机们叫做"爱达荷魔鬼三角地"的恐怖翻车地

不断发生事故的死亡公路

带。正常行驶的车辆如果进入这一地带就会突然被一股看不见的神秘力量抛向空中，随后又被重重地摔到地面上，造成车毁人亡的不幸事故。

一位名叫威鲁特·白克的汽车司机就是经历过这一恐怖抛车事件的幸存者，每当他回忆起那次历险就会感到胆颤心寒。他说："那天，天气晴朗，我所驾驶的卡车一切正常，当我行驶到那个奇怪的地方时，汽车突然偏离了公路，翻倒在地。"

据统计，在这个地方，已有 17 个人以同样的方式失去了生命。人们无法理解的是，这段公路与其他公路相比没有任何不同之处，同样是宽阔平坦的大道，然而它所造成的死亡率却是其他路段死亡率的 4 倍。面对这个事故多发地带，人们总想了解产生这种现象的原因，科学工作者们也尝试着作出一个合理的解释。他们对这里进行了考察，结果认为：这些现象是由于地下水脉辐射的影响造成的。这里的地下水脉有什么与众不同，为什么它能够产生如此巨大威力的辐射？人们能改变这种影响正常生活的怪现象吗？这些都是科学工作者无法回答的问题。

奇异的洞穴

大西洋上的马洪拜岛上有一个洞口直径长约 300 米的洞穴，在过去 20 年来，在深不见底的洞中，出现了很多十六世纪的古董，包括钱币、宝石和盔甲!

藏宝奇穴

一些寻宝的人在洞中发现一块石板,上面刻着"深渊之底埋有宝藏"的字样,他们怀疑洞中宝藏属于一个十六世纪的英国海盗。

就像埃及金字塔的咒语那样,闯入这个藏宝洞的探险家令人担心。这是不是一个陷阱?进入洞穴的人,会不会无缘无故地死去?那块石板上,竟然会刻着深渊中有宝藏的字样,就更加令人怀疑这是否是一个虚假的骗局。世上怎么会有人将珍宝埋在洞中,再在石板上写奇怪的有宝藏的字样,让寻宝者去偷的事情呢?说起来,谁敢保证洞中藏的真是金银珠宝,说不定是一头外星生物呢!

变形洞穴

据记载,美洲尼加拉瓜圭纳一个小镇有一个变形洞穴,这个直径3米多的奇穴,早午晚都会自动变形!上午是椭圆形,下午变成不规则长方形,深夜再变成正方形,凌晨又回复椭圆形原状。据当地的居民说,这口奇穴从古至今都在重复变形。

对于这种不可思议的现象,科学家认为可以从地质学的角度去解释,但愿科学家能够在不久的将来能给我们一个满意的答案。

旋转岛之谜

在西印度群岛中有一个没有人的小岛,岛上遍布着大片的沼泽地。令人惊奇的是这个小岛虽然很小,却有一种其他岛都没有的奇观:它可以像地球那样自转。每24小时小岛旋转一周,每天它都按照同一方向作有规则的自转,从来没有出现任何反转的现象。一艘名叫"参捷"号的货轮在航经西印度群岛时偶然发现了这个旋转的岛屿。当时，这个小岛被茂密的植物覆盖着，处处是沼泽泥潭。岛并不大，船长命令舵手驾船绕岛航行一周，只用了半个小时。接着他们抛锚登岛，探寻了一番，什么珍禽异兽和奇草怪木也没有发现。

在一棵树的树干上船长刻下了自己的名字、登岛的时间和他们的船名，便和船员们一起回到了最初登岛的地点。"天呀，抛下锚的船居然会自己移动呢！"一位船员突然发现这个奇怪的现象而大叫起来，"这儿离刚才停船的地方相差好几十米呀！"回到船上的水手们也都惊诧不已，他们检查了刚才抛锚的地方，铁锚仍然十分牢固地沉在海底，没有被拖走的迹象。船长对此猜疑不定，这是不是小岛本身在移动呢？人们对这种奇怪的现象大惑不解，一些人听说后曾经去岛上察看，根据观察结果，大部分人都认为是小岛本身在旋转。

小岛为什么会自己旋转呢？有人认为：这座岛是一座浮在海上的冰山。海潮起起落落，所以小岛随着潮水而旋转，但是这种推测也无法揭示出真相，因为其他是冰山的小岛也都"浮"在海上，为什么就不能自行旋转，特别是像地球自转一样那么有规律地每 24 小时就转一周呢？

死神岛之谜

距离加拿大东部哈利法克斯 200 千米左右的北大西洋上，有一座让海员们闻风丧胆的小岛，叫做赛布尔岛。据记载曾经有 500 多艘船只在这里沉没，5000 多人丧生于海底。因此，人们也将这个小岛称为"沉船之岛"，周围的海域被称为"大西洋坟场"。

这个小岛好像一轮弯月映照在这片海面上。岛上全是细沙，只稀稀落落地生长着一些沙滩形状的狭长的小草和矮小的灌木。小岛是由于海流和海浪的冲击，致使沙质沉积物堆积形成的一个露出海面的小沙洲，长 120 千米，宽 16 千米。这样的一个小岛根本经不起风浪的冲击，几千年来，几乎每次较大的风暴都会让它的位置和面积发生变化。只在最近的 200 年中，该岛的长度已减少了一半，位置东移了 20 千米，100 多年前建在该岛西端的几座灯塔已经失

塞布尔岛

去了踪影，目前仅保存着 1951 年以后所建的两座灯塔。

　　为什么有这么多的船只在这里遇难呢？这是因为该岛的位置经常发生迁移变化，岛的附近有大面积浅滩，许多地方水深仅有 2～4 米，加上气候恶劣，常有风暴，所以船只搁浅沉没事件经常发生。但是对这样一个既会旅行又充满灾难的小岛，航海者为什么不避开，反而都自投罗网呢？是岛移动的速度太快令人无法躲避，还是有其他原因？人们不得而知。

巨人岛之谜

　　在一望无际的加勒比海上，有一个奇特的小岛，叫做马提尼克岛。从 1948 年开始 10 年左右的时间里，岛上出现了一种令人们百思不得其解的奇异现象：岛上生活的成年男女个头都较高，成年男子平均身高达 1.90 米，成年女子平均身高也超过 1.74 米。在岛上，如果青年男子身高不到 1.80 米，就会被同伴们说成是"矮子"。更为奇特的是：不仅岛上的土著居民，就算是外来的成年人在岛上居住一段时期后也会很快长高。

神秘的马提尼克岛

64 岁的法国科学家格莱华博士和他 57 岁的助手理连博士，在那里只生活了两年，就分别增高了 8.25 厘米和 6.6 厘米；40 岁的巴西动物学家费利只在那里进行了 3 个月的考察，离开该岛时已经长高了 4 厘米；英国旅行家帕克夫人年近 60，在该岛旅行 1 个月后也长高了 3 厘米。因为生活在该岛上的成年人甚至老年人的身材都很高，因此这个岛被称为"巨人岛"。不仅是人，岛上的动物、植物和昆虫的体型增长也非常迅速。岛上的蚂蚁、苍蝇、甲虫、晰蜴和蛇等，在从 1948 年起大约 10 年左右的时间内，都比一般同类的尺寸增长了约 8 倍，特别是该岛的老鼠，居然长得像猫一样大。

为了解开巨人岛之谜，许多科学家不远万里，来到该岛进行长期探测和考察，提出多种假说和猜测。一些人认为，在 1948 年，可能有某种飞碟或是其他天外来物坠落在该岛的比利山区，而使该岛生物迅速增长的一种性质不明的辐射光，很可能就是来自埋藏在比利山区地下的飞碟或其他天外来物的残骸；但许多科学家对物质说法持怀疑和否定态度，这是因为究竟世界上有没有飞碟或其他外星来客，到目前为止仍然是一个无法回答的谜。还有一些科学家认为，该岛蕴藏着某种放射性矿藏——正是这种放射性物质使生物机能发生奇特变化，因而"催高"了动物身体。

巨人岛究竟隐藏着怎样的奥秘？至今仍有待于科学家们去探索。

美容岛之谜

在意大利南部，有一个巴尔卡洛岛，岛上的泥浆不仅可以使肌肤更加洁白嫩滑，还能治疗妇女的腰痛并起到减肥作用。所以，这个岛是天然的美容岛。巴尔卡洛岛对所有爱美的人很有吸引力。意大利人只要花一笔很少的旅费，便可以在这个美容胜地做一次全身"美容护肤"，还可以享受那里的日光浴和海水浴。每年夏天，岛上众多的泥浆池里，总是挤满了世界各地爱美的人们。许许多多的男女，穿着泳衣，在泥浆里爬来滚去，往身上涂抹泥浆，连最爱漂亮的姑娘也愿意变成"泥鬼"，然后用清水冲洗干净，让自己成为更美的人。

珊瑚岛之谜

珊瑚岛是一笔宝贵的财富，不仅热带生物种类繁多，而且还蕴藏着丰富的矿产资源，同时，又因其美丽的风光吸引着四方的游客。可是，珊瑚岛的成因一直是个无人破解的谜团。

一般认为珊瑚岛是由珊瑚虫的骨骼堆积而成的岛屿。在热带、亚热带浅海区的海底，生活着很多珊瑚虫，每只珊瑚虫都能分泌出石灰质的外骨骼。外骨骼可以很好地保护珊瑚虫柔软的身

珊瑚岛

珊瑚虫

体。珊瑚虫外骨骼的颜色分为白色、黄色、红色和蓝色；有的像松树，有的像秋天的菊花，有的像密集的蜂巢，有的像稀有的灵芝，有的像牡丹，有的像小树，各种各样无奇不有。珊瑚虫死后，它们的子孙还能世世代代地在祖先的"遗骨"上继续繁殖下去，日积月累，就形成了形态各异的石灰质的珊瑚丛，发展壮大为珊瑚岛。然而，科学家发现，珊瑚虫的生存条件最好是在深度为 60 米以内的热带浅海，但海洋的深度经常在几百米至几千米之间，珊瑚虫不可能在那么深的海底生存繁衍。那么，美丽的珊瑚岛，特别是那些奇形怪状的环礁，又是怎样形成的呢？

日本浮岛之谜

1983 年 6 月 16 日，在日本山形县村山市循冈汤泽，湖上的岛屿移动了 150 米。

这个移动的小岛屿是位于汤泽贮水池东侧的"浮岛"。但是岛屿的移动，在当地居民看来并不奇怪，因为据说这个岛以前也多次移动过。

可是这三十多年来，从来没发生像这样大规模的移动。当地人说："本来位置在南边山下的小岛，突然移到了北边的水门附近，实在令人捉摸不透。"

移到了北边的小岛，已静止了两三天，就在人们认为它短期内应该不会再移动时，在 6 月 19 日的黄昏时分，小岛又悄悄回到原来的位置。

日本山形县

既然是"浮岛"，移动是很自然的，只是终年一直一动不动，突然出现大规模的移动，当然会令人觉得很怪的。

是什么力量使岛屿突然移动呢？

一直流传着一种说法：如果那年小岛有所移动，将有灾难发生，这现象带给当地居民不小打击。为了祈求平安，祈祷法事间隔很短时间就会举办一次。

南极的"无雪干谷"

在南极洲罗斯海海域的西南端有一座罗斯岛。从罗斯岛朝着东北方向走去，就可以到达一个叫麦克默多的海湾。无雪干谷就位于麦克默多湾的东北部。

无雪干谷主要是三个依次向北排列着的山谷：维多利亚谷、赖特谷、地拉谷。无雪干谷西侧是南极横断山脉，周围是被冰雪覆盖的山岭，这些山岭的海拔高度大约在 1500～2500 米之间，而且这些山上的冰川向着谷地里边流落而去，形成了冰瀑。不过，这些冰瀑流落到山谷两旁的时候就消失了。冰川到达不了的地方，一年四季都不下雪，"无雪干谷"就因此得名。由于无雪干谷地区一年到头都没有任何降水，因而气候显得特别干燥。

南极的"无雪干谷"

　　长期以来，无雪干谷地区一直无人涉足，因而这块无雪之地也从不为人所知。最早走进这个无雪干谷地区的人是著名极地探险家斯科特。当斯科特走进无雪干谷地区的时候，他被谷中的景象惊呆了。他看到，这里没有冰，也没有雪，只有裸露的岩石，还有岩石下面那一堆堆海豹等兽类的遗骨。斯科特心想：这里看不到任何生命，生命在这里都被扼杀了，看起来，这里边有许多难解之谜呀!于是，斯科特就给这个地方起了个名字叫"死亡之谷"。从那以后，人们也称这个无雪干谷为"死亡之谷"。

　　后来，又有好多科学家及探险者到达过这个无雪干谷地区，他们看到岩石下一堆堆海豹和兽类的遗骨，也是百思不得其解：这个地方离最近的海岸也有数十千米，远一点儿的要有上百千米，海豹这种在海岸边生活的动物不应该到这么远的地方来，可眼前的这些海豹遗骨，却偏偏说明有些海豹违背了通常的生活习性，来到了这里。那么，是什么促使海豹要从那么远的海岸往这里爬呢?

　　对此，科学家们提出了不同的意见。

　　有的科学家根据世界上曾经出现过鲸类自杀的现象，认为这些海豹也像鲸类一样，跑到这无雪干谷地区来自杀。可是，科学家们又找不到海豹自杀的理由。要不，这些海豹就是受到了什么惊吓，被一种什么东西驱赶到了这里。那么，在过去的年代里边，是什么东西让海豹如此恐惧? 又是一种什么样的东西将它们驱赶到了这里呢? 这不能不让人疑窦丛生。

　　有的科学家说，这些海豹是因为在海岸上迷失了方向才到了这里。

这个无雪干谷地区里没有冰雪，海豹们没有了可以饮用的水分，不等它们爬出谷地就已经没有了一点儿力气，最后就被活活地渴死了。

这只是科学家们毫无依据的猜想而已。在确凿的证据出现之前，这些海豹的遗骨只能是一团迷雾。

随着科学家们不断地深入研究，他们发现无雪干谷地区有着很多不为人知的秘密。

在这个无雪干谷的腹地，新西兰建立起一座"范达考察站"。考察站的旁边有一个湖，叫做"范达湖"。从那以后，这个无雪干谷地区再也没有以前那种凄凉的情景。

范达湖

1960 年，日本的一些科学家实地考察了无雪干谷里的范达湖，他们发现范达湖存在奇异的水温现象，在三四米厚的冰层下，水温是 0℃左右。在 15～16 米深的地方，水温升到了 7.7℃。到了40 米以下，水温竟然可以升到 25℃，这种水温已经跟温带地区海水的温度相当。

范达湖这种深度越大水温越高的奇怪现象，让科学家们兴奋不已，他们纷纷跑到这里进行考察研究。

那么，范达湖的这种奇怪现象到底是怎么形成的呢？这种现象应该怎么解释呢？科学家们又有了不同的观点。这当中有两种主要观点：一种是地热活动观点，另一种是太阳辐射观点。

支持地热活动观点的科学家们的理由是：范达湖与罗斯海相距 50 千米，罗斯海附近有墨尔本火山和埃里伯斯火山。前者是正处于休眠期的活火山，后者现在仍然在喷发着。这就可以表明，这一带的岩浆活动得很剧烈，会产生很高的地热。范达湖的水温上冷下热的现象就是因为地热的作用形成的。

　　然而，让这种观点无法在科学界立足的理由是：有很多证据都表明，在无雪干谷地区并没有任何地热在活动。

　　支持太阳辐射观点的科学家们说："南极地区夏季的光照时间较长，范达湖湖面接受太阳辐射的能量就比较多；而冬天的时候，湖面几米厚的冰层使湖水含的盐分增高，所以水的密度就会变大。这样，即使夏天水温升高的时候，由于表面水的密度大于中层和底层水的密度，导致温暖的表层水下沉，从而形成了范达湖奇特的水温现象。"

　　太阳辐射的观点提出后，也同样遭到了人们的反对。有人说：南极在夏天的时候，太阳辐射的时间虽长，但光照却不足，总是阴沉沉的，到达地面的太阳辐射就显得比较弱了。不仅如此，范达湖的冰面又反射了90%的太阳辐射能量，能够到达水面的辐射就变得更少了，不可能使表面的水温升得很高。另外，假设暖水下沉的观点真的成立的话，通过水的热传递，整个湖水的水温即使升高也是均匀的，不可能只有底层的水温增高。况且南极的极夜时间足足有半年，范达湖不可能升到25℃！这样看来，太阳辐射的观点又怎能让人信服？

　　那么，关于范达湖的争论，究竟孰是孰非？没有人敢轻易下结论，所以范达湖给本来就充满神秘色彩的无雪干谷地区又留下了一道不容易解释的谜。

　　无雪干谷地区范达湖的谜还没有解开，探索者们又发现了另一个不易解开的谜。

　　从范达湖往西10千米的地方，有一个叫"汤潘湖"的小湖泊。汤潘湖的直径也就是数百米，而且湖水浅得不像"湖"——只有30厘米。汤潘湖的湖水含盐度比较高，如果把一杯湖水泼到地上，眨眼之间就会在地面析出一层薄薄的盐。科学家们对汤潘湖湖水的冰点进行了研究，发现湖水就是到了－57℃的时候也不会结冰，所以汤潘湖又有"不冻之湖"之称。

　　关于汤潘湖的湖水不结冰的研究结论也不统一。有的研究者认为湖里的盐分比较高，它就不会结冰了；有的科学家说，汤潘湖在那么冷的情况下不结冰，不仅仅是因为湖水盐度太高，还可能是周围的地热在起作用。

冰湖美景

与"不冻之湖"形成鲜明对比的是"永冻之湖"。这个湖也位于南极洲无雪干谷地区，叫"皮达湖"。人们在对这个湖的冰面钻探后发现，整个湖几乎是一个特别完整的大冰块。那么，这个湖的冰为什么一年之中都没有融化的时候呢？这又是一个谜。

神秘的无雪干谷地区吸引着无数的科学家，这一道道难题何时才能解开？尽管目前尚无结论，但科学家们探索的脚步是永不会停止的，终有一天它们的庐山真面目会呈现在世人的面前。

圣泉之谜

在法国的比利牛斯山脉中有个叫劳狄斯的小镇，镇上有一个岩洞，洞内有一股长年累月不停流淌的清泉，泉水以其神奇的治病功效吸引了世界各地成千上万的人，这就是闻名全球的神秘圣泉。

圣泉的传说

关于圣泉有一个美丽的传说。在 1858 年，一位名叫玛莉·伯纳·索毕拉斯的盲女在岩洞里面玩，忽然，圣母玛利亚在她面前出现，告诉她洞

法国比利牛斯山脉

后有一眼清泉，指引她前去洗手洗脸，并且说这泉水能治百病，说罢倏然不见，盲女洗后竟重见了光明。

圣泉治病

100多年过去了，神奇的泉水仍在流淌着。前来圣泉求医的人也源源不断，它的吸引力远远超过了各大圣域。据统计，每年约有430万人去劳狄斯，其中很多人是身患疾病甚至是无法救治已被现代医学宣判"死刑"的病人。他们不远千里来这儿，只是在圣泉水池内浸泡一下，便能使病情减轻，有的竟自己痊愈!

有个意大利青年，名叫维托利奥·密查利，他身患一种罕见的癌症，癌细胞已经破坏了左髋骨部位的骨头和肌肉。经X光透视发现，他的左腿只有一些同骨盆相连的软组织，看不到一点骨头成分。经几家医院治疗后，他的左侧身体从腰部至脚趾都被打上石膏，并被宣告无法治疗，医生预言他至多能再活一年。1963年5月26日，他在母亲的陪伴下，经过16小时的长途旅行到达劳狄斯，第二天便去沐浴。密查利在几名护理员的照顾下，脱去衣服，将身体没入冰冷的泉水中，但打着石膏的部位没有浸入，只是用泉水进行冲洗，奇迹出现了，从这之后，密查利开始有了饥饿感而且食欲旺盛，这是数月来从未有过的。从圣泉归家后几个星期，他突然产生了从病榻上起身行走的强烈欲望，而且真的拖着那条打着石膏的左腿从屋子的一头走到另一头。以后的几个星期内，他在屋子里继续来回走动，体重也增加了。到了年底，疼痛感居然全部消失了。

发光的海水

　　1933 年 3 月 3 日凌晨，在日本三陆海啸发生的时候，人们发现了奇异的海火。当波浪从釜石湾附近的灯塔向海湾中央翻涌时，浪头底下出现了三四个像草帽一样的圆形发光物，横排着前进，呈青紫色，像探照灯那样照向四面八方，亮光可以使人看到成群的破船碎块。不久，互相撞击的浪花，又把这圆形发光物搅碎，随后就不见了。

　　1975 年 9 月 2 日傍晚，在中国江苏省沿海的朗家沙一带，海面上出现了奇怪的亮光，随着波浪起伏，就像燃烧的火焰那样起伏不定，一直到天亮才逐渐消失。第二天夜晚，亮光再次出现，而且亮度较前日有所增加。以后每天夜晚，亮度逐渐加大，到第七天，海面上涌起很多泡沫，当渔船经过时，激起的水流异常明亮，水中还有珍珠般闪闪发光的颗粒。

　　这种海水发光的现象被称为"海火"，它常出现在地震或海啸前后。1976 年 7 月中国唐山大地震的前一天晚上，秦皇岛、北戴河一带的海面上就出现过海火景象。

　　海火是怎样产生的？一般认为，这与海里的发光生物有关。水里的发光生物因受到扰动而发光，是人们早就知道的现象。这些生物种类繁多，除甲藻以外，还有许多细菌和放射虫、水螅、水母、鞭毛虫以及一些甲壳类、多毛类的小动物。于是，人们推测，当海水受到

水母

地震或海啸的严重影响时，便会使这些生物受到刺激，使它们发出与平时不同的亮光——海火。一些学者却持有异议。他们指出，在风浪很大的夜晚，海水也同样受到激烈的扰动，却为什么不产生海火呢？

时令湖和杀人湖之谜

时令湖

在澳大利亚中部有一个埃尔湖。1832 年，一个勘探队发现那里是一个积有厚厚一层盐的盆地。1860 年，另外一个考察队发现那里变成了一个大盐湖。

第二年，考察队再次来到这里时，却发现湖水奇异地消失了。据说这是一个时令湖，每隔 3 年就要周期性地消失一次。

在澳大利亚还有一个乔治湖，位于堪培拉与悉尼之间。从 1820 年到现在，这个湖奇怪地消失了 5 次，又重新出现了 5 次，最后一次消失发生在 1983 年。

这种时隐时现的湖在我国广西阳朔县也有一个，叫犀牛湖。1988 年 9 月 30 日，犀牛湖清澈的湖水一夜之间消失得无影无踪。

据当地县志记载，这种湖水消失现象大约每隔 30 年就要发生一次。

对于湖水周期性消失的现象，科学家们做了多年的研究。有的人认为，这些时令湖，水源主要是河水和雨水，如果当年雨量少，水分大量蒸发，便会干涸，因而会时隐时现。

杀人湖

在喀麦隆有 30 多个高原湖泊，其中，数尼尔斯湖最为著名，它有一个令人谈"湖"色变的绰号——杀人湖。

1986 年 8 月 21 日，一场暴雨即将来临，尼尔斯湖在暗淡的星光下荡漾着波浪。突然，一股巨大的气柱神话般地从尼尔斯湖中升起，继而弥漫开来。烟云流泻到山谷低处，那里的村庄被这邪恶之云所覆盖，近 2000 人死于毒气之中。

尼尔斯湖

10 亿立方米毒气的释放使湖面急剧下降。以往清澈美丽的尼尔斯湖被从湖底涌上来的铁氧化物——氢氧化铁所污染。这起罕见的自然灾难令科学家们迷惑不解：到底是什么气体从湖中喷出？

美国一些科学家认为，多年来，二氧化碳从地球深部的熔岩中释放出，渐渐溶入湖底深层。由于湖水的压力，气体不易上升到湖面。

经过漫长的岁月，深水层的二氧化碳渐渐上升，并且因受到某种冲击而迅速涌向湖面，10 亿立方米的毒气像"囚禁在小瓶中的魔鬼"一样被放了出来，因而在瞬间酿成了一场毒气喷发致使近 2000 人死亡的灾难。

无独有偶，在意大利西西里岛上也有一个面积不大的死亡之湖。湖中无任何生物生存，

连偶而失足掉进湖里的动物，也会被湖水杀死。真是名副其实的死亡之湖。这个死亡之湖的湖底有两个奇怪的泉眼，终年不断地向湖中喷出腐蚀性很强的酸性泉水，使得湖水变成强酸性水，任何生物都会望而却步。

难解的河水之谜

从山西省龙门到陕西省潼关之间的黄河，每过七八年就发生一种奇异的现象——夏秋洪水能将河底数米厚的泥皮揭起冲走，沿河群众和治黄科技人员把这种现象叫做"揭底"。解放以来他们已目睹过5次"揭底"。

黄河自龙门到潼关段的河道全长132.5公里，又称"小北干流"。整个河床南北走向，呈纺锤形状。北部龙门和南部潼关都是著名的狭关险谷，河宽仅数百米，纺锤状的中部河宽达19公里。这段河流南北落差大，上游上百条支流把大量泥沙带入河道，在此沉积，河床淤积严重。

每过七八年出现的"揭底"奇景，都发生在7、8、9三个月。"揭底"前河道中出现片片因泥沙淤积形成的沙洲，河床较以往抬高，河道散乱。这时，如果天降暴雨，出现每秒800立方米以上的大洪水，数小时后，"揭底"现象便随之发生。

黄河

　　河中数米厚的泥皮像墙一样直立起来，很快又被洪水吞没卷走，河面上泥皮此起彼伏，满河开花，水声震耳欲聋。

　　持续一段时间，洪水就冲出一条数米深的河床，浩浩荡荡地奔向大海。

　　黄河"揭底"现象早已有之。从 20 世纪 40 年代末到 80 年代末有记录的几次中，最大的一次发生在 1964 年，滔滔的洪水一下子把河东的 10 万亩滩地全部卷走。"揭底"时掀起的河床泥皮平均高出水面 3~5 米，每立方米洪水中含有 900 多公斤泥沙。

风陵渡

　　我国科学工作者把这种现象称做"黄河的自我调整"，外国科学工作者称之为"世界河流之奇观"。由于这段河道能够自己为自己疏通，因而使几个有名的古老渡口如龙门、大禹和风陵渡一直沿用至今。

　　我国有些科学工作者认为，"揭底"现象可能与这段河床的形状有关，但目前缺乏确凿的科学证据。黄河"揭底"现象至今还是一个未解之谜。

神奇的"送子河"之谜

　　额尔齐斯河位于新疆北部阿勒泰山区的富蕴县可可托海矿区，是我国惟一的一条流入北冰洋的外流河，在我国境内长约 500 公里。

　　这里不仅矿产资源丰富，树木茂密，牧草丰美，自然景色十分秀丽，而且还蕴藏着一个大自然之谜。

额尔齐斯河

这里的雪水能使鸡、鸭、鹅多产蛋。更有趣的是，长期饮用由雪水汇成的额尔齐斯河水，能治疗不育症。

20世纪50年代，有许多前苏联专家在富蕴工作，他们的夫人在莫斯科长期不生育，到这里生活一段时间后，由于常喝额尔齐斯河水都怀了孕，生了孩子。

因此，人们就把这条神奇的河称为"送子河"。但"送子河"为什么能使不育者怀孕，至今还没有一种令人信服的解释。

平顶海山

在太平洋的中部与西部，也就是夏威夷群岛、加罗林群岛、马绍尔群岛和斐济群岛一带的深海底部，存在着一片奇异的海山，它们的顶部像被截掉一般，都是平坦的，因此被称为"平顶海山"。这种海山除太平洋外，大西洋和印度洋中也有，或是孤耸于海底，或是成群出现。平坦的顶部呈圆形或椭圆形，一般直径为几百米到二三十千米不等，顶部离海面最浅为400米，最深可达2千米，平均水深1300米。山的顶部如此平坦，究竟是为什么？

一些科学家从平顶海山的顶部发现了圆形的玄武岩块，它们是火山岩的原有形状。因此，有人认为，这些平顶海山可能曾经是海底火山，顶部是火山口，但被火山灰等物质填平了，所以是平顶的形状。还有的学者认为，太平洋的平顶海山处在一片原来隆起的地壳上，致使海山顶

海山

部接近海面，被风浪削平。然后，整个地壳下沉，形成现在平顶海山的面貌。但是不是存在这个隆起的地壳，却无法证实。

神秘的大西洋深处

神秘的水下潜艇

　　1990 年的秋天，在大西洋东北部海域瑞典和北约海军举行的一次大规模演习中，突然发现一艘神奇的水下潜艇，这艘潜艇迅速地进入演习海域。它的到来使参加演习的军舰上的雷达、声纳系统全部中断。北约海军的 10 多艘军舰在开恩克斯纳海湾展开了一场大围剿，想要抓获这艘神奇的水下潜艇。没料到当炮弹和深水炸弹如雨点般地攻击目标时，炮弹、炸弹全都悄无声息地消失了。当这艘神奇的水下潜艇浮出水面时，北约所有军舰上的无线电通讯系统全部失灵了。北约海军向它发射多枚

鱼雷

技术上最先进的"杀手"鱼雷。这种鱼雷准确度极高，能自动追击目标，但出乎意料的是，"杀手"鱼雷不仅没有爆炸，反而消失得无影无踪。北约海军的指挥官们从恍惚中终于明白过来，这艘神秘的水下潜艇是地球人无法建造出来的大西洋底的"神秘来客"。

洋底黑潮

　　几年前，法国的海洋科学考察船"巴米罗亚"号，在大西洋亚速尔群岛海域发现一股股从洋底涌出来的巨大黑潮，这一股股像黑墨汁一样的黑潮流向了千里以外的法国海岸。经科学家们检测，黑潮里含有一些地球上罕见的稀有金属。"巴米罗亚"号上的科学家们发现，这一股股黑潮是从3千米深的大洋底部冒上来的。难道这是地球从内部排出的"呕吐物"吗？

海底建筑

　　1992年5月，法国著名潜水专家拉马斯克尔在大西洋加勒比海域潜水，深入海底探寻时，发现了一座圆形的大建筑物。它通体透亮，从里面游出一个前半身像人、后半身是鱼的怪物，它跟拉马斯克尔正面相遇，互不侵犯地离开。拉马斯克尔对水下神奇的建筑进行了录像。1993年7月，在大西洋百慕大三角海域，水下1千米深处，美、英两国科学家发现了两座大金字塔，这金字塔仿佛是用水晶玻璃建造的，它的边长约 100 米，有 200 米高。这一发现，使人想起了美国水下探险家塔得罗拉的发现。1985 年他在巴拿马群岛海域的 1 千米水下，发现一座巨大的水下建筑，在建筑物内，好像有机器在转动，像是发电用的电磁网络。

海底建筑用餐的情景

石头摄影师

　　神奇的大自然总是能创造出奇迹。1964 年夏天，意大利电影剧作家特奈利在一个山洞中发现了一块与众不同的怪石，上面有人工雕刻的图案，石头表面被琢磨得光亮圆滑。在一个风雨交加的夜晚，这块石头在闪电的作用下，投影在剧作家住处墙上仿佛一个栩栩如生的远古时代的人像，他的表情惊恐万分，似乎正面对一只凶残的野兽。

　　后来，在世界各地特奈利又找到了很多这样的石头。如一块美国石头的投影，是一个戴头盔的人用刀插进一只野兽的肚子；另一块德国石头的投影，却显现出两人的拥抱的情景。

　　特奈利对它们进行了仔细研究，头脑中形成很多疑问，如：这些石头是远古时代洞居人的遗物吗？远古人是怎样把图案雕刻在石头上的？这些图案又代表了什么？而且这些石头为什么能映出图像呢？到目前为止，还没有人能够回答出这些问题。

会"唱歌"的岩石

在美国加利福尼亚州的沙漠地带，居住着许多印第安人，那里有一块巨大的岩石，几乎有好几间房子那么大。每当天空中升起圆圆的月亮，印第安人就陆续来到这块巨石周围，点起一堆篝火，然后就静静地坐在地上，冲着那块巨石三叩九拜……篝火熊熊地燃烧着，卷起一团团浓浓的烟雾，没多久，就把巨石紧紧地笼罩住了。此时，那块巨石慢慢地发出了一阵阵迷人的乐声，有时委婉动听，好像一首优美抒情的小夜曲；有时哀怨低沉，好像一首低沉的悲歌。巨石周围的印第安人一边顶礼膜拜着，一边如痴如醉地欣赏着这美妙的音乐。滚滚的浓烟和这神奇的乐声，飘向了空旷的沙漠，升入了深邃的夜空。

为什么这块巨石会发出那样动听的音乐呢？这块巨石里面又隐藏着什么样的秘密呢？对于这些问题，没有人知道，也没有人能够说清楚。

在美国的佐治亚州，也有这样一些会发出声音的岩石，人们管它叫"发声岩石"。这里到处是大大小小的岩石，它们不仅能够发出声音，而

奇特的岩石

且这些声音就好像一首首美妙的乐曲。如果人们用小锤轻轻敲打这里的岩石，无论是大块的岩石，还是那些小小的碎石片，都会发出非常悦耳动听的声音。这奇妙的声音不但音韵纯美，而且音响特别清脆，像是从高山流下来

的叮咚作响的清泉，听起来令人身心俱醉，沉浸其中。如果不是亲眼看见、亲耳听到的话，人们根本不会想到这声音是因为敲打岩石而发出来的。更让人感到惊奇的是，这里的岩石只有在这个地方才能被敲打出如此悦耳动听的音乐。有人曾经做过一个试验，把这里的岩石移到其他地方，无论怎样敲打也发不出那种美妙的声音。

马特利之火

沙特阿拉伯西部腹地有一个叫哈迪的小村子，村民拉西德·马特利有一间用羊毛做成的小毡房。有一年刚刚过完开斋节，一天中午，拉西德·马特利的那间毡房不明原因，突然起火。他和妻子急忙把火扑灭。当时，他并没有把这次"偶然"事故放在心上。可没想到，第二天，他家的另一间房子也无缘无故地着起了大火。他和妻子又急忙把大火扑灭了。可这一回，拉西德·马特利的心里有点慌了神："为什么，我家怎么总是发生火灾呀？"随即他报告了村长，村长听了也感到很纳闷，就和他一块儿来到他家。村长朝周围看了看，刚要说话，拉西德·马特利家的房子又燃起了熊熊大火。这回的火势特别凶猛，大火怎么扑也扑不灭。结果，拉西德·马特利家的三间房子全部被烧成了灰烬。村长又赶紧报告了哈迪亲王府。可哈迪亲王府派出的调查组也查不出起火的原因。

拉西德·马特利无奈地带着一家人搬到了距离哈迪村 30 千米远的哈斯渥。他找了一块平整的地方，动手搭起了两顶帐篷，住了下来。奇怪的是，当他收拾好东西，刚想和妻子、女儿进帐篷去休息时，那帐篷突然之间又着了火。更加奇怪的是，他放在汽车里的一件衣服也忽然着起火来。科学家们知道后纷纷前来研究。可他们观察了好长时间，还是说不清楚是怎么回事。后来，人们就把这种奇怪的燃烧现象称为"马特利现象"。

海底"烟囱"

海底世界充满了无穷的奥秘，自古以来关于海洋的神秘故事更是不胜枚举。在科学技术高度发达的今天，人们正在逐渐揭开海洋的奥秘，但仍有许多谜团有待人们去解开。海底冒浓烟现象便是其中之一。

1979 年 3 月，美国海洋学家巴勒带领一批科学家对墨西哥西面北纬 21° 的太平洋进行了一次水下考察。当深水潜艇"阿尔文"号载着科学家们渐渐接近海底时，透过潜艇的舷窗，他们看到浓雾弥漫中一根根高达六七米的粗大烟囱般的石柱顶部喷发出滚滚浓烟。"阿尔文"号向浓烟靠近，科学家们一测温度不禁吓了一跳：原来这里的温度竟高达 1000 摄氏度，经过仔细观察，他们发现浓烟原来是一种金属热液喷泉，当它遇到冰冷的海水时，便立刻凝结成铜、铁、锌等金属的硫化物，并沉淀在浓烟的周围，形成小丘。他们还发现，在这高温的喷口周围，竟然形成了一种特殊的生态环境，这里生活着许多贝类、蠕虫类和其他动物群落。美国密歇根大学的奥温认为，这种海底喷泉可能与地球气候的变化密切相关。

美丽的海底世界

奥温在研究了从东太平洋海底获取的沉积物和岩石样本之后，发现 5000 万年 ~2000 万年前的沉积物中，铁的含量为现在的 5 ~ 10 倍，钙的含量则为现在的 3 倍。沉积物中钙、铁等的含量这样高可能与海底喷泉活动的增强有关。当海底喷泉活动增强时，所喷出的物质与海水中的硫酸氢钙发生反应，析出二氧化碳。已知现在的海底喷泉释放的二氧化碳，占大气中二氧化碳来源的14%～22%。因此，当钙的析出量为现在的3倍时，大气中二氧化碳的含量，估计会增加1倍左右。而二氧化碳含量的增加，将会产生温室效应，使全球的气温普遍升高，以致出现反常的气候。

石头谋杀案

石头会杀人，这是闻所未闻的。然而在非洲马里的7个地质队员就因一块形如鸡蛋的石头而相继死去，原因至今不得而知。

怪石杀人

1968年8月，地质勘探队队长阿勃率领6名地质队员进入马里境内的耶名山勘探。

他们在山中发现了一块重约5吨，形状好似鸡蛋的石头，它上半部分透着蓝光，下半部分呈金黄色。阿勃命令地质队员把巨石搬到卡车上，准备带回去慢慢进行研究。卡车行驶不久，搬运巨石的6名队员突然感到手脚活动不灵，且全身有麻木感，视线也很快模糊起来，大家非常害怕。阿勃命令司机马上改道先去医院。医生检查发现，6名地质队员的手、脚及全身都已沾上了放射性物质，而且剂量相当高。一个月后，这6名队员相继去世。队长阿勃也因在这块石头上休息过，随后也死在了病床上。

解读真相

放射性物质危害人体健康，当受到大剂量的放射性辐射后，人体就会受到严重伤害。可放射性损伤一般不会马上出现症状，更不会在短期内使人致命。根据以往的经验，曾有人在核事故中烧伤，并受到严重的放射性伤害，但没有在短期内就突然死亡的。所以把7名地质队员的死亡原因归结为放射性伤害是并不科学的，而几位地质队员确切的死因也无法得到较合理的解释。

印度奇石

在印度马哈拉施特拉邦，有一座名叫希沃布里的小村庄。村里有一座安葬着宗教圣徒卡玛·阿利·达尔凡老人遗体的祠庙。令人称奇的是，祠庙门口的两块岩石竟可以随着人们呼喊卡玛·阿利·达尔凡的名字而飘然升到空中。这两块彼此贴得很近的岩石，只允许男人接近，女人是不能靠近它们的。两块岩石中，大的一块约重70千克，另一块略轻。如果很多人用右手的手指指着岩石，并异口同声不间断地喊着"卡玛·阿利·达尔凡"，岩石便会马上上升到约2米的高度，直到喊声结束时才会落回

印度风光

到地面上，不按这个过程来做，岩石是不会腾空而起的。

马克·鲍尔弗去希沃布里村时，为了证实这件奇事，亲自加入到了呼喊的人群中，果然岩石就从原地跳起，升入了空中，随后"啪"的一声落地。

科学界至今还不能解释岩石升空的奥秘，但是，到希沃布里村观看这一奇景的人日益增多。而这两块岩石是谁放在祠庙门口的？它又是受什么力量驱使而升空的呢？这仍是个未解之谜。

会"走路"的棺材

由珊瑚石砌成的克赖斯特彻奇陵墓，由一块沉重的蓝色德文郡大理石板封住了封口。陵墓长 4 米，宽 2 米，并带有一个从里面看是拱形，从外面看却是水平的墓顶。按照当时的殡葬习俗，富有的种植园主通常使用笨重的铅封结构棺材，这种棺材需要 6 个到 8 个壮汉才能移动。1807 年 7 月，托马西娅·戈达德夫人第一个被葬在这个陵墓中。一年以后，一个两岁的女孩玛丽.安娜·蔡斯也被葬于此。1812 年 7 月 6 日，玛丽的姐姐多丽丝又随她而去，也被葬入了这个地方。

可是 1812 年年底，一个当地人极为讨厌的、道貌岸然的托马斯·蔡斯先生也躺进了这个著名的墓穴。人们发现，原本被安放在墓穴角落里的玛丽·安娜·蔡斯的小棺现在却底儿朝上被扔到了更远的一个角落里。戈达德夫人的棺材则被翻转了 90°，棺盖对着墙躺在旁边。参加葬礼的白人们纷纷谴责看管墓地的黑人，但遭到了黑人强有力的反驳。由于查不出原因，于是每口棺材又都重新放回了原处。4 年以后，11 个月大的萨缪尔·阿莫斯又被抬进了这个恐怖的陵墓。人们惊讶地发现，陵墓中的几个棺材又一次被弄得乱七八糟，可用来挡住陵墓入口的石板依然纹丝不动地放在原处，一点也没有被破坏的迹象。6 个星期以后，陵墓被再

教皇棺木

次打开了。

小萨缪尔的父亲萨缪尔·布鲁斯特，在4月一次奴隶起义中被自己的奴隶杀死。当时由于匆忙，被临时葬在了别的地方，10月后被移入家族陵墓。人们仔细检查了那块沉重的石板，它仍在原位。当石板缓慢地移开，人们再次目瞪口呆，棺材又一次被移动了！陵墓里一片狼藉。达德夫人的木制棺材已经变成了碎木条。

飞机墓地

占地球表面积三分之二的海洋，存在着很多奇异的海域，如著名的百慕大三角区、日本魔鬼海域等。在太平洋龙三角与大西洋百慕大中间的地中海一带，也存在一片非常奇异的海域。地中海和北岸的卡尼古山山谷一带便是这奇异地带的中心区。卡尼古山山谷，更是成为飞机失事的多发区和飞行的禁区，因此，被人们称之为"飞机墓地"。

出现神秘怪人

1951年6月，在卡尼古山山脚下的卡斯特尔村，人们亲眼见到一个近2米高的怪人——此人体格健壮、头披长发（白发）、身着合体的灰色服装。可那身服装上既没有钮扣，也没有缝线的痕迹。他吃的是面包，喝的是牛奶。附近村民从来就没有与他交流过，也不知道他来自何方，更不知道他是怎样来到这里的。这个人没有和任何人说话，只是在村外走来走去，不一会儿就不见了。

可是不一会儿他又出现了，一切又都显得那么神秘莫测。

人们由他的长相认为，他是外星人的可能性非常大。因此，人们认为卡尼古山山谷多少年来发生的怪事都与这位怪人有关联。资料统计卡尼古山在地理位置上是一个很小的区域，在地图上更是一个很小的点。据有关资料统计，在这里从1945年初至1967年6月竟发生了11起空难，共有229人罹难，如此高的灾难发生率使人吃惊。

墨西哥巨型水晶洞形成之谜

奈卡矿最早是在1794年被奇瓦瓦市的采矿者发现的，他们在山脉的底部发现了一脉银矿。从被发现直到1900年，这个矿藏主要出产的都是金银。到1900年的时候，才开始大规模地发掘锌和铅。奈卡矿蕴藏了大量的铅、锌和银等金属，当然

巨型水晶洞

还包括透明石膏的水晶矿，里面的水晶直径 4 英尺，长度达到 50 英尺。蕴藏着这些水晶的地方被叫做"巨人的水晶洞"，这里的水晶是是由下面岩浆房放出的热流形成的。剑之洞是奈卡矿中另一个拥有大量水晶的洞室。

在 1911～1922 年间，因为种种原因这个矿一度关闭。就在要放弃这个矿的时候，著名的剑之洞被发现了。这个洞里面有大量的水晶，虽然现在很多都被收集走了，但仍是一个非常奇妙的游览之地。那么究竟墨西哥这个巨型水晶洞是如何形成的呢？这个谜至今尚未解开。

这个巨大的水晶洞穴就埋藏在奇瓦瓦沙漠奈加山脉下 1000 英尺的深处。在 2000 年，一家工业公司的两名矿工在挖掘一条地下隧道时发现了这个奇特的洞穴，里面含有许多巨大的水晶柱。这个洞穴中含有许多世界上最大的天然水晶。这些半透明的巨型水晶长度达 11 米，重达 55 吨。西班牙格拉那达大学的加西亚·鲁伊斯说："这真是自然奇观啊！"

为了弄清楚这些水晶是如何长到这么大尺寸的，科研人员对水晶当中含有的少量水体进行了研究。经研究发现，这些水晶长得很快，因为它们被淹没在矿物质丰富的水当中，而且这些水的温度稳定，大致保持在 58℃ 左右。在这个温度下，无水石膏这种矿物质在大量的水当中就会被分解成为石膏，石膏是一种柔软的矿物质，它可以形成洞穴当中的水晶。

奈加山脉形成于 2600 万年前的火山活动，其中充满了高温的无水石膏，一种水分含量很少的石膏。无水石膏在 58℃ 以上温度时是稳定的，但如果低于这个温度时就会分解变成石膏。当奈加山下面的岩浆冷却下来的时候，温度就开始下降到 58℃ 以下，这时无水石膏就开始分解，水中硫酸盐和钙的含量也逐渐地增加，在洞穴之中经过数百万年的沉淀后，最终形成了巨大的半透明石膏水晶。专家认为要形成奈加洞穴中这样巨大的水晶，那里的温度就必须保持在接近 58℃ 上百万年，因为如果温度下降的过快，形成的水晶就会很小。

据专家估计在奈加山脉的其他地方可能还有这种巨型水晶存在。现在人们能够进入这个水晶洞观看那里的巨型水晶是因为矿业公司用抽水泵将里面的水抽走了，如果停止抽水，那么水晶洞又会被水淹没，那里的水晶又会继续生长。

漂亮的水晶

究竟水晶洞的行成是否因为温度呢？如果不是，它真正的成因又是什么呢？至今这一切还众说纷纭，没有得出确切的答案。

俄罗斯死人森林之谜

维普斯高地坐落在俄罗斯的欧洲部分，位于圣彼得堡和穆尔曼斯克之间，方圆几千公里范围内都是沼泽地，人口密度在全国最稀少。在俄罗斯圣彼得堡北面的僻静森林里，每年都会发现有赤裸人尸，但又找不到任何横死迹象。民警束手无策，民间谣传有魔鬼在兴妖作怪。尽管媒体和各方专家都在全力关注，但至今仍查不出任何结果。据官方数据显示，近年来每年都有上 10 人在这里失踪。不过尽管如此，旅游者还是爱来这个地方，因为这里是钓鱼、打猎的好去处。

亚历山大·克洛科夫是圣彼得堡人，他和他的朋友 20 年来几乎每年都要到这个偏僻的地方来打猎。2007 年 4 月间，他们又组织了很多人前来，其中有 3 个人是圣彼得堡企业的高层经理，一个作家，一个联邦安全局退休人员，一个退伍上校。他们有的想来这里打猎，有的想来这里钓鱼，还有人就是想来照照相，或是在森林里呼吸些新鲜空气，晚上在篝火边坐坐，聊聊天。

本来一切都很顺利，可就在第三天，克洛科夫晚上没有回到全体成员过夜的猎人小屋。克洛科夫是个老练的猎手，所以伙伴们对他未能归来并不太担心，以为他在森林里过夜，一大早就会回来。等第二天还不见他露面，他们才着手查找。第三天他们用卫星定位电话向卡普申派出所报告了这一情况。10多个人足足找了克洛科夫7天。他们把原始林、沼泽地和还在苏联时期便已荒芜的当地一个小村庄长满云杉的田块都拉网式地搜索了一遍。

最后，失踪者是在离大伙儿过夜的小屋有5千米的一块小洼地里找到的。大家看到尸体后都惊呆了：死者全身赤裸裸一丝不挂!旁边的小树墩上整整齐齐地码放着裤子和衬衫，没看见靴子和上衣。上膛的卡宾枪靠在一棵树上。

被大雪覆盖的俄罗斯森林

据法医检查后称，克洛科夫在树林里已死去了8~9天，他的尸体都快被狼啃得差不多了。但尸检结果证实，此人确确实实是克洛科夫。他的亲人也认出了运动裤和衬衫。至于死因，一时还无法确定。是心脏停跳？还是天气太冷？也许两者兼而有之。可为什么要脱光衣服？须知当时的气温只有5℃。

这具奇怪的尸体并非首例，在1993年秋，这里同样发现了一具锯木厂看门人的尸体，赤身裸体，衣服堆在一边，衬衣的扣子掉在一旁，仿佛死者是在匆忙中脱衣，到最后也没把扣子全解掉。法医至今也查不出死因。

20世纪90年代末的一个月内连续死两人。两人都是当地人，结伴去采蘑菇，但都没回来。经过解剖看出，两人都不是横死，体内只含有极少量的酒精成分。2001年秋天有两个当地人到沼泽地去采红莓苔子果，后来走散。一人没有回来，两天后才找到尸体。浆果撒了一地，衣服码放在篮子里。还有在2001年的10月末，有人发现一具采蘑菇人的尸体，此人是城里来这里避暑的。他赤脚坐在一个树墩上，篮子里的蘑菇撒了一地，皮靴和袜子整整齐齐地摆在一边。

最后一例发生在2007年9月。采蘑菇人在离公路100来米的地方发现当地人亚历山大·普罗霍罗夫的尸体。跟前几例一样，他也只穿内衣，裤子和绒线衫乱扔在一旁。警察调查认为他的死是源于一起车祸，是肇事司机把他拖进树林。但法医鉴定证明，根本就没伤着骨头，没有任何横死迹象。

那么究竟他们的死是因为什么？为什么要把衣服脱下来呢？这些谜一直困扰着人们。

魔鬼的脚印

在1855年2月9日晚的一场大雪后，英国的伊斯河结了厚冰，雪停后，一道神秘的脚印出现在雪地上。

脚印长10厘米，宽1.5厘米，每只脚印之差相距20厘米。脚印形状完全相同，非常整齐，看过的人都说，那绝对不是鹿、牛等四脚动物的脚印。

而且奇怪的是，那些脚印从托尼斯教区花园出现，走过平原，走过田野，翻上屋顶，越过草堆，一直往前，似乎什么都阻止不了它。

上百人看到了这些脚印，当地报社收到许多读者来信，报纸报导了这一消息并刊出了脚印照片，还有人带着猎狗去追踪。但当猎狗靠近树林时无论主人如何命令也不肯进入树林；只是对着树林狂叫不止？村民担心是猛兽，于是大家拿着武器四处找寻，结果一无所获。

当地教堂的神父表示，留下这种脚印的只能是魔鬼。因为只有魔鬼才是有蹄子而又能用双腿直立行走的。科学家当然不相信什么魔鬼，可到底是什么东西留下来的脚印呢？这至今仍是一个不解之谜。

绿色"桃花源"

有世界第一大河之称的亚马孙河发源于秘鲁安第斯山脉，中西横贯南美大陆，被人称为"绿色魔境"。它拥有数座深邃葱郁的原始森林，这些森林又被称为"禁忌之林"。在这些森林里有许多不能轻易进入的禁地，人只要进入，必定会迷失方向，而且更可怕的是有时会遭到兽人的攻击。

在17世纪，有一支由西班牙人组成的队伍沿着亚马孙河的支流，来寻找宝石。他们在被人们称之为禁忌之林的森林里迷了路，正当他们不知所措的时候，突然遭到兽人的袭击。于是双方展开了一场激烈而残酷的战斗，在这次交战中，探险队至少枪杀了十几只似猿又像人、性情粗暴、全身毛茸茸的兽人。

1920年，瑞士的地质学家罗伊为了勘察亚马孙河流域的地形结构，也冒着生命危险来到这里。当罗伊所率领

亚马孙河

的考察队伍在越过一条河流时，他们突然听到类似猿猴的吼叫声，当罗伊睁大眼睛环视四周时，他看见了两只类似猿猴的大怪物，其中一只怪物渐渐地接近他们，这时，一名队员拿起枪来射击，结果，这只怪物当场被打死。另外一只怪物由于受到了枪声的惊吓，逃到树林里去了。事后，罗伊给遭到射杀的怪物拍了一张照片。根据照片和他们亲眼看到的情景，判断这只怪物的身体大约高 1.5 米，相貌类似蜘蛛猿，嘴里有 32 颗牙齿。

有些专家和研究者认为，这些身份不明的兽人很可能是原始人的后代，但这只是一种猜测。究竟真相如何？人们莫衷一是。

美国死亡谷

在美国加利福尼亚州与内华达州相毗连的群山之中，有一条特大的"死亡谷"。它长 225 千米，宽约 6 ~ 26 千米不等，面积达 1400 多平方千米。峡谷两"岸"，悬崖绝壁，地势十分险恶。这里也是北美洲最炽热、最干燥的地区，其温度可达 56.7℃，年均 46.768 毫米的降雨量也仅比撒哈拉沙漠稍多了一点。几乎常年不下雨，更有过连续六个多星期气温超过四十摄氏度的纪录。每逢倾盆大雨，炽热的地方便会冲起滚滚泥流。死亡谷现在只有一片荒山，大盐湖已干涸而尽，素有"死火山口"、"干骨谷"和"葬礼山"等不祥的别称。见者不寒而栗，闻者谈之色变。那里的"黑水"是北美最低的地方，它位于海平面下 282 英尺，而仅 100 多英里以外的惠特尼山巅，却达到海拔 14494 英尺，是美国周边最高的地方。

据勘测，死亡谷形成约在 300 万年前，是由于地球重力将地壳压碎成巨大的岩块而致，当时部分岩块突起成山，部分倾斜成谷。直至冰河时代，排山倒海的湖水灌入较低地势，淹没整个盆底，又经过几百万年

峡谷

火焰般日头的蒸熬酷晒，这个太古世纪遗留下来的大盐湖终于干涸而尽。如今展露在大自然下的死谷，只是一层层覆盖着泥浆与岩盐层的堆积。死亡谷的面积总共有3000平方里，其中550平方里低于海平面，位于加州和内华达州的边境，距拉斯维加斯约224千米。由于此地干旱和熊熊烈火般气候，不少以死亡谷为快捷方式，前往加州采矿的淘金客，往往不幸葬身于无情的沙漠之中，死亡谷的声名更不胫而走。后来，一些采矿者在这一带发现了金银铜等各种矿产，因此在那一段期间死亡谷还出现小市镇。到了80年代，又发现硼砂，不少人前来此地开采，直至今日还可以看到当年硼砂厂的废墟。至于炭窑则大约建于1875年，炭窑的修筑主要是为了提炼矿石中的纯银，10个窑一列排开，平均高度为25尺6寸，直径约30尺，炭窑的外型就像是东正教的圆形尖顶，迄今窑子里仿佛仍隐约可以闻到燃烧杜松的气味。

据说在1949年，美国有一支寻找金矿的勘探队伍欣然前往死亡谷附近，因迷失方向而涉足其间，几乎全队覆灭。几个侥幸脱险者，不久后也神秘地死去。此后，有些前去探险或试图揭开死亡谷之谜的人员，也屡屡葬身谷中。

后来，科学家用航空侦察，惊诧地发现这个人间活地狱，竟是飞禽走兽的"极乐世界"。据航测统计，在这死亡谷里大约繁衍着300多种鸟类、20余种蛇类、17种蜥蜴，还有1500多头野驴，它们居然在那里悠闲地生存繁衍。何以当人误闯进这里就送了性命，连尸体都没找着；有幸运脱险，离开了此谷的，事后也都死得不明不白。可如此多的动植物却能安然无忧地生存。这让人们产生了浓厚的兴趣。科学家详细考证了这里的地貌变化，发现这里因为历史上的地壳运动产生了一个大断层，但由于它被大量的沉积物所覆盖，所以不易被人发现。科学家推测那些误入"死亡谷"的人踩着了沉积物而掉进了断层的深渊中，于是尸首无存。又因为"死亡谷"里蕴藏着丰富的矿产，有的科学家相信这里的地底一定有某种剧毒矿物，那些不幸者是在接近了这些有毒矿物后中毒身亡的。但是真相究竟如何呢，至今也没人能说得清楚。

红海扩张之谜

红海位于非洲东北部与阿拉伯半岛之间，形状狭长，从西北到东南长 1900 千米以上，最大宽度 306 千米，面积 45 万平方千米。红海北端分叉成两个小海湾，西为苏伊士湾，并通过贯穿苏伊士地峡的苏伊士运河与地中海相连；东为亚喀巴湾。南部通过曼德海峡与亚丁湾、印度洋相连。是连接地中海和阿拉伯海的重要通道，是一条重要的石油运输通道，具有极大的战略价值。

1978 年 11 月 14 日，北美的阿尔杜卡巴火山突然喷发，伴随着滚滚浓烟，溢出了大量熔岩。一个星期以后，人们经过测量发现，遥遥相对的阿拉伯半岛与非洲大陆之间的距离增加了 1 米，也就是说，红海在 7 天之中又扩大了 1 米。

红海海盆为亚非大裂谷的一部分，长约 2100 千米。按海底扩张和板块构造理论，认为红海和亚丁湾是海洋的雏形。据研究，红海底部确属海洋性的硅镁层岩石，在海底轴部也有如大洋中脊的水平错断的长裂缝，并被破裂带连接起来。非洲大陆与阿拉伯半岛在 2 千万年前的中新世开始分离，目前还在以每年 1 厘米的速度继续扩张。这不能不令人感到惊异，海也会增长吗？

红海

红海的确是个奇特的海。它不仅在缓慢地扩张，而且有几处水温特别高，经测量竟然达 50 多摄氏度；红海海底又蕴藏着特别丰富的高品位金属矿床。这些现象长期以来没有得到科学的解释，被称为"红海之谜"。

应该说在 20 世纪 60 年代红海之谜才有了端倪。海洋地质学家解释说，红海海底有着一系列"热洞"。在对全世界海洋洋底经过详细测量之后，科学家发现大洋底象陆地上一样有高山深谷，起伏不平。从大洋洋底地形图上，我们可以看到有一条长 75000 多千米，宽 960 千米以上的巨大山系纵贯全球大洋，科学家把这条海底山系称作"大洋中脊"。狭长的红海正被大洋中脊穿过。沿着大洋中脊的顶部，还分布着一条纵向的断裂带，裂谷宽约达 13～48 千米，窄的也有 900～1200 米。科学家通过水文测量还发现，在裂谷中部附近的海水温度特别高，好像底下有座锅炉在不断地烧，人们形象地称它为"热洞"。科学家认为，正是热洞中不断涌出的地幔物质加热了海水，生成了矿藏，从而推挤着洋底不断向两边扩张。

1974 年，法美两国开始联合执行大洋中部水下研究计划。考察计划的第一个目标就是到类似红海海底的亚速尔群岛西南的 124 千米的大西洋中脊裂谷带去考察。经过考察，科学家把海底扩张形象地比作两端拉长的一块软糖，那个被越拉越薄的地方，成了中间低洼区，最后破裂，而岩浆就从这里喷出，并把海底向两边推开。海底就这样慢慢地扩张着。

在海底考察的海洋科学家们在海底裂谷附近意外地发现了一幅使人眼花缭乱的生物群落图影：热泉喷口周围长满红嘴虫，盲目的短颚蟹在附近爬动，海底栖息着大得异乎寻常的褐色蛤和贻贝，海葵像花一样开放，奇异的蒲公英似的管孔虫用丝把自己系留在喷泉附近。最引人注目的是那些丛立的白塑料似的管子，管子有 2 到 3 米长，从中伸出血红色的蠕虫。

通过对与众不同的蠕虫进行研究比较，科学家们发现这些蠕虫没有眼睛，没有肠子，也没有肛门。解剖发现，这些蠕虫是有性繁殖的，很可能是将卵和精子散在水中授精的。它们依靠 30 多万条触须来吸收水中的氧气和微小的食物颗粒。

对喷泉口的生物氧化作用和生长速度科学家们特别感兴趣。放化试验表明，喷口附近的蛤每年长大 4 厘米，生长速度比能活百年的深海小蛤快 500 倍。这些蠕虫和蛤肉的颜色红得使人吃惊。它们的红颜色是由血红蛋白造成的，它们的血红蛋白对氧有高得非凡的亲和

海葵

力，这可能是对深海缺氧条件的一种适应性。生物学家们认为，造成深海绿洲这一奇迹的是海底裂谷的热泉。热泉使得附近的水温提高到 12 到

17 摄氏度，在海底高压和温热下，喷泉中的硫酸盐便会变成硫化氢。这种恶臭的化合物能成为某些细菌新陈代谢的能源。细菌在喷泉口迅速繁殖，多达 1 立方厘米 100 万个。大量繁殖的细菌又成了较大生物如蠕虫甚至蛤得以维护生命的营养，在喷泉口的悬浮食物要比食饵丰饶的水表还多 4 倍。这样，来自地球内部的能量维持了一个特殊的生物链。

在加拉帕戈斯水下裂谷附近 2500 米深处的海底，科学家们一共发现了 5 个这样的绿洲。全世界海洋中的裂谷长达 7500 多千米，其中有许多热泉喷出口。那么总共会有多少绿洲呢？还会有更多的生物群落出现吗？奇异的红海何以在不断增长，它还有什么新的、更大的秘密在等待着人们去发现呢？这一切还没有人能说清。

里海沿岸的球状体怪石

里海卫星图

图雷什位于哈萨克斯坦共和国里海沿岸，这里是一个不同寻常的地方。长久以来一直困扰着研究者。在这里方圆好几千米的范围内，横卧着一排排新奇古怪的石头，其中绝大部分几乎都是球状体，直径有两米的，也有炮弹大小的。直到今天也没有人能说清这些怪石的来历。这一排排石头被称作"巨人路"，可是这个名称究竟是何时开始的，是谁第一个如此称呼的，已没有人知道。这一名称就一直这么沿用了下来。虽说其开阔的景致与大马路大相径庭，可人们第一次来到这里，却仿佛置身于童话世界之中。

图雷什还有一种很有意思的情况：有好几个最大的结核体都像是被人整整齐齐地锯成两半，而且锯口总是朝南。从来还没人数过这巨人路到底有多少这种球状体石头，显然得有好几百。除了这些完全裸露出地面上的以外，还有一些是半埋在土里的，这就更说不清有多少了。

可惜的是，这一神奇的自然景观到现在还没有人能研究清楚，给予确切的解释。究竟这种球状体石头的成分是什么，它们的年龄有多大，是何时出现的？因为缺乏相关的资料，目前科学界只能作些猜测和推论。

虽然这些球状体石头很少见，但在哥斯达黎加、墨西哥、巴西和罗马尼亚这些国家也可以看到。这不禁令人迷惑，究竟是谁将它们安放在这些地域的呢？有人猜测说，这种球状体石头周围存在着"异常磁场"，在这种地方仪器的箭头超过标尺刻度，动物举动反常。还有人说这些球状体石头是调准"高等动物"收发信号一定波段的"天眼"。

科学家分析称很可能这些球状体石头跟岩石或是在厚火山灰层，或是在厚沙层里的晶化过程有关。沙子浸透了比如说是从地壳深层冒出来的泥浆，在深处的个别地方形成了像雪球一样越来越大的晶化心。在跟石英相互起作用后，泥浆便糊在晶化心上，形成了大大小小圆圆的球状体石头。在此过程

哈萨克斯坦建筑

中，各面的作用力都很均匀，所以才是圆形。

那么哈萨克斯坦的奇怪球状体石头真是这样形成的吗？这种可能性并不是没有，不过有人还是提出了异议。他们认为，当地的石头是来自海底，它们是在潮汐涨落的过程中形成的。能证明这一点的是：它们的

成分中有很大一部分是贝壳灰岩。在千百万年前，海水淹没了陆地。到了8~9百万年前的中新世时期，古老的特提斯大地槽后退，露出了大片大片的陆地，其表面就留下了一些奇形怪状的石头。几百万年来风一直在不停地吹打，于是石头成了圆形。强大的风流不停地抽打石头表面，以至今天其表面裂痕斑斑。

的确，环境对这些球状体石头确实有一定的作用。因为研究人员发现，其中有一些外层已经剥落，结果石球看上去很像裂开的核桃，其粗糙的外皮下面包着一个光滑圆润的内核。这种情况也不难解释，因为那些地区昼夜温差很大，因此风化效果极强。结果岩石就有些像核桃"脱皮"一样自行崩溃，也就是说，石头的外层像葱头皮一样逐渐地剥落，最后就只剩下坚硬的球状体内核。

在哥斯达黎加，科学家们从空中往下看，可以看见这个国家的古代居民出于只有他们知道的想法，正是用这些球状体石头垒成了一个个巨大的几何图形。这到底是在干什么，至今还是个谜。而且，他们到底是怎样长距离地搬动这些巨石的呢？这又是个令人猜不透的地方。而哈萨克斯坦土地上的那些巨石至今还没人动过，自从浮出水面之后，它们就一直横卧在那里。要想解开这一个个的谜团，还需要做进一步地考察取证。

寻找亚特兰蒂斯

在人类的文明史上，有这样一块传奇之地。相传，这是一块神秘的地方。它拥有巨额的财富和极其发达的超级文明，至今令人难以想象。然而，就是这样的一个地方，突然之间却消失了。留给人类的是一个个千古之谜。它的名字叫做"亚特兰蒂斯"。在梵蒂冈城国保存的古代墨西哥著作抄本和存留至今的墨西哥合众国的印第安文明的作品中，也有类似的叙述："地球上曾先后出现过四代人类。第一代人类是一代巨人，他们毁灭于饥饿。第二代人类毁灭于巨大的火灾。第三代人类就是猿人，他们毁灭于自相残杀。后来又出现了第四代人类，即处于'太阳与水'阶段的人类，处于这一阶段的人类文明毁灭于巨浪滔天的大洪灾"。在梵蒂冈图书馆中迄今保存的另一批古代手稿中，对大洪水之前曾存在的人类文明也有所谈及。

现代科学发现，在大洪灾之前，地球上或许的确存在过一片大陆，这片大陆上已有高度的文明，在一次全球性的灾难中，这片大陆沉没在大西洋中。而近一个世纪以来，考古学家在大西洋底找到的史前文明的遗迹，似乎在印证着这个假说。在民间的说法中，人们把这片陆地叫做"大西洲"，把孕育着史前文明的那个国度叫做"大西国"。其实，科学界早就给这片神秘消失的大陆命名了，那就是沿用了柏拉图提出的名字：亚特兰蒂斯。

有这样一个关于亚特兰蒂斯的传说：当众神分配领土时，亚特兰蒂斯由海神波塞冬掌管。波塞冬爱上了一位名叫克莱托的少女，于是便娶她为妻。他们共生育了五对双胞胎，都是男孩。当他们成年后，波塞冬

洪水

便将国土分封给他们，他们就是亚特兰蒂斯最初的十位国王，其中名叫亚特兰斯的长子更是王中之王，因此该国便被命名为"亚特兰蒂斯"。亚特兰蒂斯的文明十分发达，其社会已经有了明确的阶级划分；人口大约有1200万；农业的分工也很细致，适宜的气候使其可以每年收获两次；有了系统的文字；已经开始使用贵金属和合金；远洋贸易也繁荣至极。此外，他们还拥有大量的公用建筑，像波塞东神殿、寺庙、圆形剧场、竞技场、公共浴池等。他们的军事组织也极为严密，国土被分为9万个军事区域，每个区域设一名指挥官，负责调度12名战士、两匹战马、一辆战车以及所需要的一切供给。可惜的是，拥有如此发达文明的大陆竟在一夜之间沉没了。因此有人推断，很可能亚特兰蒂斯根本不存在，它只不过是个杜撰的故事。

数千年来，人们一直苦苦地寻找它，并对它的存在与否长久地争论不休。

美国科学家经过一番考察和研究，把亚特兰蒂斯曾经存在的位置锁定在地中海，具体就在塞浦路斯附近的海底。这片海域的海底深达1600米左右，探险队利用声纳等高科技装置探测到海底的一个山丘，上面存在着人工建筑的遗迹。科学家们探测到3千米长的城墙，山丘顶端有围墙的城楼，四周还有很深的类似战争防御工事的壕沟。

传说中沉没的大西洲，位于大西洋附近。亚特兰蒂斯大陆便是大西洲文明的核心。

电脑合成的亚特兰蒂斯

这里有宫殿和供奉守护神即海神波赛冬的壮丽神殿，所有的建筑物都是用当地开凿的白、黑、红色的石头建造，美丽绝伦。首都波赛多尼亚的四周，建有双层环状陆地和三层环状运河。在两处环状陆地上，还有冷泉和温泉。除此之外，大陆上还建有造船厂、赛马场、兵营、体育馆和公园等。

柏拉图

亚特兰蒂斯之所以一直吸引世人的关注，除了它拥有神秘的超级文明外，传说这里还拥有巨额的财富。在传说中，亚特兰蒂斯出产无数黄金与白银，所有宫殿都由黄金墙根及白银墙壁的围墙所围绕。宫内墙壁也镶满黄金，金碧辉煌。那里的文明程度令人难以想象，有设备完善的港埠及船只，还有"能够载人飞翔的物体"！

公元前360年左右的古希腊哲学家柏拉图是用历史记载的、首次用文字对亚特兰蒂斯做出描述的人。据记述，这是公元前1500年前后发展起来的一个拥有高度文明的岛国。

柏拉图名著《对话录》记载："亚特兰蒂斯位于岛的中心，是大陆的首都，主岛由三条宽阔的运河环绕，这些环形的运河和陆地把全岛划分为五个同心圆形的区域，另一条运河从中心贯穿各区，直通海岸。"

尽管在15世纪前，人们还停留在争辩亚特兰蒂斯是否真的存在这个问题上。直到15世纪哥伦布发现新大陆，亚特兰蒂斯的位置又一次成为世人关注的焦点。

为了寻找它的确切地点，探险家和科学家先后考证了大量的文献、遗迹、神话，最后得出的答案也众说纷纭。

有人认为它位于地中海上的圣多里尼岛。在大约公元前1950年至前1470年，岛上的克里特人曾创造了辉煌的迈诺斯文明。但是，公元前1470年的一次火山大爆发毁灭了迈诺斯文明。当时，迈诺斯是地中海最强盛的国家。

虽然这种说法看上去与柏拉图描写的亚特兰蒂斯极为相似，但最大的冲突是迈诺斯文明的毁灭时间并不是柏拉图所说的9000年前。此外，柏拉图称亚特兰蒂斯在"海克力斯之柱以外"（即大西洋中），而非地中海。

于是，又有人分析说亚特兰蒂斯在大西洋西部巴哈马群岛。还有人认为亚速尔群岛就是亚特兰蒂斯，西班牙、法国即是古亚特兰蒂斯。但由于证据不足，这些推论都似乎站不住脚。

那么亚特兰蒂斯究竟在何方？它又拥有怎样先进的文明？恐怕还需要时间去考证。

自焚火炬岛

荷兰帕尔斯奇湖上，有一个能让人自焚的火炬岛，为什么人在这个岛上能自焚，人们一直在寻找答案。17世纪50年代，几位荷兰人来到帕尔斯奇湖，当地人劝他们不要去火炬岛。一位叫马斯连斯的荷兰人觉得当地人是在吓唬他们，他并不理睬当地人的劝告，固执地邀了几个同伴前去火炬岛，寻找所谓印第安人埋藏的宝物。当他们一行人来到小岛的时候，几个同伴忽然胆怯起来，准备返回去，只有马斯连斯一人不肯罢休。同伴们远远地目送着他的木筏慢慢接近小岛，正当他们要离开时，突然看到一个火人从岛上飞奔出来，一下子跃进湖里。那不就是他们的同伴马斯连斯吗？他们迎上前去，

荷兰风光

只见水中的马斯连斯仍在继续燃烧……

　　1974 年，加拿大萨斯喀彻温省普森理工大学教授伊尔福德组织了一个考察组来到火炬岛进行调查。通过细致地分析，伊尔福德认为，火炬岛上的人体焚烧现象，是一种电学或光学反应。该观点一出立即遭到考察组的哈皮瓦利教授的反对，哈皮瓦利认为：火炬岛上的某些地段存在某种易燃物质，当人进入该地段后，便会着火燃烧。正因为他们都认为这种自焚现象是由某种外部因素引起的，因而去火炬岛时都穿上了特别的绝缘耐火高温材料服装。在岛上，他们并没有发现有什么怪异的地方。然而，就在考察即将结束时，莱克夫人觉得心里发热，伊尔福德立即叫大家迅速从原路撤回。就在这时，走在最前面的莱克夫人忽然惊叫起来，只见莱克夫人的口中、鼻中喷出阵阵烟雾，接着冒出了一股烧焦了的肉味。待焚烧结束后，那套耐高温的服装居然仍完好无损，而莱克夫人的躯体早已灰飞烟灭了。

骷髅海岸

　　在古老的纳米比亚沙漠和大西洋水域之间，有一片白色的沙漠。在这里，遍地是尸骨和船只的残骸，因此葡萄牙海员把纳米比亚这条绵延的海岸线称为"地狱海岸"，现在又叫做"骷髅海岸"。1943 年，人们在这个海岸的沙滩上发现了 12 具横卧在一起的无头骸骨，附近还有一具儿童骸骨。不

骷髅海岸

远处有一块石板，虽然经过风雨的侵蚀，仍然能看清上面有一段话："我正向北走，前往 60 英里外的一条河边。如有人看到这段话，照我说的方向走，神会帮助他的。"这段话写于 1860 年。

1942 年英国货船"邓尼丁星号"载着 21 位乘客和 85 名船员在库内内河以南 40 千米处触礁沉没。所有乘客包括 3 个婴孩以及 42 名男船员乘坐汽艇登上了岸。

这次救援是最困难的一次，几乎用了 4 个星期的时间人们才找到所有遇难者的尸体和为数不多的生还船员。

在南部，连绵不断的内陆山脉是骷髅海岸河流的发源地。但这些河流往往还未进入大海就已经干涸了。这些干透了的河床就像沙漠中荒凉的车道，一直延伸至被沙丘吞没为止。还有一些河，例如流过黏土峭壁峡谷的霍阿鲁西布干河，当内陆降下倾盆大雨的时候，巧克力色的雨水使得这条河变成了滔滔急流。暴涨的河水这才有机会流入大海。

大羚羊

海豹

科学家称这些干涸的河床为"狭长的绿洲"。因为河床的地下水滋养了无数动植物，种类之多令人惊异；湿润的草地和灌木丛也吸引了纳米比亚的哺乳动物前来寻找食物；象把象牙深深插入沙中以寻找水源；大羚羊用蹄子踩踏满是尘土的地面，以发现水的踪迹。

新的一天到来了，天生丧失视觉能力的大金鼹鼠钻进沙的深处；在冰凉的水域里，沙丁鱼、鲻鱼等鱼类引来了成群的海鸟和数以千万计的海豹。这些动物在这荒凉的骷髅海岸的外岛屿和海湾上繁衍生存，白天躲避灼热的太阳，晚上享受凉爽的沙漠微风。为何对人类来说的死亡地带对这些动物来说竟然会是天堂呢？这还是个未解之谜。

死亡陷阱

美国佛罗里达州奥奇朝比湖南部的低洼沼泽地区，长满了亚热带野生植物。在一个夏日的早上，美国大学生皮克特和斯塔尔，跑进浓密的森林，找寻野生植物。他们沿着一条差不多干涸小溪的沙岸前进，皮克特走在前头，突然对斯塔尔叫起来："这里是软地!别过来!"

皮克特在流沙中挣扎着想踏上硬地，但走得越快，陷得越深，他的双膝已陷进像软糖似的怪沙中。

"快救我!"皮克特拼命地喊道。

斯塔尔立即跳下流沙去救朋友，但无济于事，于是，他跑进树林，看见一根长树枝。

皮克特拼命挣扎着，费了九牛二虎之力，才把一条腿从可怕的陷阱中抽出来，但另一条腿却下陷至大腿间了。这时他周围的沙开始震动起来，他失去了平衡，倒在了沙上。

斯塔尔拿着树枝跑回小溪，把树枝伸给皮克特，但皮克特却无法抓到。

皮克特的双手困在沙中无法动弹，他拼命地把头昂起来，但流沙依旧迅速埋到下颌。流沙升上来淹没口鼻时，他喊出最后的惨叫声。最终流沙把他湮没了。

斯塔尔坐在岩石上掩面痛哭。当他抬起头来时，什么也不见了，只留下一片看似干爽的平坦沙地。

世界上许多地方都有流沙，但对流沙的成分人们却知之甚少。普遍流行的说法认为，流沙由圆滑的沙粒组成。这类沙粒与一般表面参差不齐的沙粒不同；圆沙粒像小小的滚珠轴承，滚动的时候很少有摩擦力，因此动物或任何重物，都会在圆沙中迅速下沉。另外一种说法认为，流沙的沙粒受到软泥或其他光滑物质的润滑，使它们受重后滑开。对于流沙的成分和形成的原因，研究者们还不能提供一个令人满意的答案。

死亡之地

世界上有一些人迹罕至的地方，潜伏着许多令人闻之色变、不寒而栗的死亡地带。

譬如中国云南腾冲县的迪石乡，有一个叫"扯隹泉"的土塘子。它面积不大，泉水充盈，表面看来一片平静，但不知何故，它却有剧毒，能够毒死一些不明真相的飞禽走兽，飞鸟一旦飞临泉塘上空，就会突然掉在地上死掉；走兽误饮了泉水，便会一命呜呼。有人前去观奇猎异，但是好久不见鸟儿飞过，便向农家买来鸭子作试验。只见鸭子哀叫几声，挣扎着漂浮了二三分钟，就不再动弹了。

无独有偶，在印度尼西亚爪哇岛上也有一个夺人性命的死亡之洞。它位于一个山谷中，共由6个庞大的山洞组

倒挂在树上的蝙蝠

成。据说不论是人还是动物，只要站在距洞口 6～7 米远的范围内，就会被一股无形的力量吸进去，一旦被吸住，就是使出浑身解数也无法脱身，如今那个洞口附近已堆满了动物和人的尸骨残骸。死亡之洞为何有生擒人兽的绝招呢？被它吸住的人和动物是慢慢饿死的，还是中毒而死的呢？至今无人知晓其中的原因。

类似的事情在其他地方也发生过。澳大利亚昆士兰州北部库克敦以南数千米的公路旁，有一座神秘的山。山峰呈黑色，几乎没有土壤，很少有植物生存，因此被人称为"黑山"。

这座山不仅颜色有不祥之兆，而且传说山上地道、洞穴比比皆是。在这里经常有大批的蝙蝠出没，还有长达 5 米多、比人的腿还粗的巨蟒。当地土著居民都对这座山怀有无比的恐惧感，无人敢轻易涉足和攀登。1977 年，曾有一个农场主为寻找迷路的牛和马来到山下。他不听人们的劝告，强行闯入山中，结果一去不复返。后来又有一个警察追赶逃犯，两人双双进入山中，也都失去了踪迹。

至今，对于这些奇怪的现象人们仍无法解释其中的原因。

"黄泉大道"之谜

在美洲的著名古城特奥蒂瓦坎，有一条纵贯南北的宽阔大道，被称为"黄泉大道"。它之所以有这么个奇怪的名字，是因为公元 10 世纪时最先来到这里的阿兹特克人，沿着这条大道进入这座古城时，发现全城空无一人，他们认为大道两旁的建筑都是众神的坟墓，于是就给它起了这个名字。神奇的"黄泉大道"有许多令人未解的秘密，其中最著名的两个就是"黄泉大道"是否真的有行星轨道数据以及它所在的主城——古城特奥蒂瓦坎部族的神秘消失之谜。

"黄泉大道"全长 4 千米，宽 45 米，南北纵贯全城。街南端为古城

古城特奥蒂瓦坎部族遗址

的大建筑群，是当时宗教、贸易和行政管理中心，如今已成为博物馆、商场和管理办公室的所在地。对面是占地6.75万平方米的城堡，里面有一座羽蛇神庙。现在庙宇已毁，但庙基尚存，庙基斜坡上的羽蛇头栩栩如生。街北端西侧是著名的蝴蝶宫，这是当时古城最繁华的地区。宫内石柱上刻有十分精致的蝶翅鸟身浮雕，形象生动，色彩鲜艳。

1974年，一位名叫休·哈列斯顿的人在墨西哥召开的国际美洲人大会上声称，他在特奥蒂瓦坎找到一个适合所有街道和建筑的测量单位。通过运用电子计算机计算，这个单位长度为1.059米。例如特奥蒂瓦坎的羽蛇庙、月亮金字塔和太阳金字塔的高度分别是21、42、63个"单位"，其比例为1：2：3。

哈列斯顿测量"黄泉大道"两边的神庙和金字塔遗址时，发现了一个让人惊讶的情况："黄泉大道"上那些遗址的距离，恰好表示着太阳系行星的轨迹。

　　在"城堡"周围的神庙废墟里，地球和太阳的距离为 96 个"单位"，金星为 72，水星为 36，火星为 144。"城堡"后面有一条运河，它离"城堡"的中轴线为 288 个"单位"，刚好是木星和火星之间小行星带的距离。离中轴线 520 个"单位"处是一座无名神庙的废墟，这相当于从木星到太阳的距离。再过 945 个"单位"，又是一座神庙遗址，这是太阳到土星的距离。再走 1845 个"单位"，就到了月亮金字塔的中心，这刚好是天王星的轨道数据。假如再把"黄泉大道"的直线延长，就到了塞罗戈多山上的两处遗址。其距离分别为 2880 个和 3780 个"单位"，刚好是冥王星和海王星轨道的距离。

　　很明显"黄泉大道"是根据太阳系模型建造的，特奥蒂瓦坎的设计者们肯定早已了解整个太阳系的行星运行情况，并了解了太阳和各个行星之间的轨道数据。但是，人类在 1781 年才发现天王星，1845 年才发

祭祀太阳神的地方——太阳金字塔

现海王星，1930 年才发现冥王星。那么在混沌初开的史前时代，是谁给建筑特奥蒂瓦坎的人们指出了这一切呢？

古城特奥蒂瓦坎大约崛起于公元前 2 世纪，它与玛雅、萨波特克并列为中美三大部族，维持了大约 1000 年的历史。到了公元八世纪，它就神秘地消失了。对于它的消失，学者们议论纷纷，说法各异。有人说是天灾、瘟疫等，也有人认为是北方部落的入侵或是内讧自相残杀。到底为什么，始终没有统一的认识。

墨西哥曾在韦拉克鲁斯州的阿库拉河里捞出一块古代石碑，上面刻着大量象形文字，这为证明一个从未破解过的古文字系统提供了依据。据研究，该文字系统在公元 2 世纪时存在于这片土地上。这块韦拉克鲁斯石碑有半吨重，现暂存雅拉帕考古博物馆内进行修复。

至今也没有人能解开这一个个谜，看来要想更多地了解神秘的"黄泉大道"，还有待科学家们的进一步考证。

魔鬼海域好望角

好望角是非洲大陆最西南端的著名岬角。在南非的西南端，北距开普敦 48 千米，西濒大西洋，北连开普半岛，是一条细长的岩石岬角，长约 4.8 千米。地处大西洋和印度洋相汇之处，苏伊士运河未开通之前，这里是欧洲通往亚洲的海上必经之地。好望角是"风暴之角"，每年 365 天，至少有 100 多天狂风怒号，海浪滔天。最平静的日子里，海浪也有 2 米高，更不用说起风的时候，浪高 6 米以上，有时甚至高达 15 米!难怪好望角附近经常要发生海难事故，被称作是航海之人的"鬼门关"了。

1487 年 8 月，一位名叫巴特罗缪·迪亚士的葡萄牙航海家，受国王约翰二世的委托，去寻找通向印度的新航线。迪亚士组织了 3 条 50 吨的小型单帆木船，从里斯本出发，沿着非洲西海岸一直向南行驶。结果，

好望角

在鲸湾附近，他们遇到了暴风雨。海浪铺天盖地地向他们扑来，以后的13个白天和黑夜，风暴并没有停息。他们任凭风浪的摆布，始终面临生死的考验。1488年12月，迪亚士等人经历了千辛万苦以后，终于回到了葡萄牙首都里斯本。国王约翰二世亲自接见了他，并向他询问了这次探险的经历。

迪亚士向国王讲述了历经的磨难，以及发现风暴角的经过，国王认为"风暴角"的名字不吉利。既然风暴角位于通往印度的航线上，看到了风暴角，便看到了希望，就叫"好望角"吧。自此好望角这个名称便传开了。

可是，好望角依旧终日大风大浪，桀骜不驯。就连好望角的发现者——迪亚士最终也在好望角附近的海面上不幸丧生。仅20世纪70年代，好望角一带就有11艘万吨货轮遇难。

一艘名叫"世界荣誉"的油轮，其沉没最令人感到意外。这艘巨轮设备先进，船体坚固，船员们的经验十分丰富，真称得上是世界一流船只、一流水手。照理说，这一趟航行是极为安全的。可是，当"世界荣誉"号从北向南驶近好望角时，灾难突然降临了，20多米高的巨浪当头向油轮压了过来，船体出现了裂缝。待到风浪暂停后，海面上除了浮着厚厚的一层原油外，什么都没有剩下。

好望角屡出意外的消息引起了世界的震惊。

对于好望角屡出事故的原因，科学家们进行了分析。很多人认为，好望角附近海域风浪大是由于西风造成的，好望角位于非洲大陆的西南端，它像一个箭头突入大西洋和印度洋的汇合处。

"西风带说"的理论固然有些道理，但这种学说不能解释在不刮西风的时候，为行么海浪还是如此之大。一年365天，并非天天刮西风，刮西风时海浪可能被激得很高，但不刮西风时海浪还是那么大，这又该如何解释呢？

针对这一点，有位科学家提出"海流说"。他发现，每次发生事故时，海浪总是从西南方扑向东北方，而遇难船只的行驶方向是从东北向南。也就是说，船是顶浪行驶的。换句话说，海底的海流推动船只顶着海浪前进，几股力量的共同作用造成船毁人亡的结果。

但是海水是流动的，很难断定，在一年365天中，海流的方向也保持恒定。然而，不管是什么日子，船只一到好望角附近的海面，马上就落入危险的境地，这又是为什么呢？显然"海流说"和"西风带说"一样，也存在着不足。

那么究竟这个神秘的好望角存在着什么秘密呢，这里何时才能变成通途呢？至今这还是个未解之谜。

神奇的死海之谜

死海不是海，而是一个湖。它是地球上最低的水域，水面平均低于

漂浮在死海之上的人

海平面约 400 米。它位于西亚南端，以色列和约旦之间，是一个内陆盐湖。死海全长 75 千米，宽 15 千米，在希伯来语中，死海被称为"盐海"，是世界上含盐分最多的一个水域。海水平均深度为 146 米，最深的地方达 395 米，是世界陆地的最低处。死海西岸为犹地亚山地，东岸为外约旦高原，有约旦河自北而南注入。

死海的东岸有埃尔·利桑（意思是"舌头"）半岛突入湖中，并把湖分为两部分。大小深浅不同的湖盆，北边的大而深，面积 780 多平方千米，平均深度为 375 米；南边的小而浅，面积为 260 多平方千米，平均深度为 6 米。

在天气晴朗的日子里，死海碧波荡漾，与蓝天、白云交相辉映，光彩四溢，是一幅天然的、壮观的、辽阔无边的海的画卷。而当阴雨之时，又是雾雨一片，朦朦胧胧，远山依稀，水天一片，又是一番景致。这让人更感到它的迷离与神奇。在死海这样高盐度的湖水中，不仅没有鱼虾，甚至岸边的任何植物都不能生存，由于水的密度大，游人们可以像躺在床上一样舒适地仰卧在水面上。

关于死海的形成长久以来流传着一个古老的传说。远古时候，这儿原本是一片大陆。村里男子们有一种恶习，先知鲁特劝他们改邪归正，但他们拒绝悔改。上帝决定惩罚他们，便暗中谕告鲁特，叫他携带家眷在某年某月某日离开村庄，并且告诫他离开村庄以后，不管身后发生多么重大的事故，都不准回过头去看。鲁特按照规定的时间离开了村庄，走了没多远，他的妻子因为好奇，偷偷地回过头去望了一眼。转瞬之间，好端端的村庄塌陷了，出现在她眼前的是一片汪洋大海，这就是死海。她因为违背上帝的告诫，立即变成了石人。虽然经过多少世纪的风雨，她仍然立在死海附近的山坡上，扭着头日日夜夜望着死海。上帝惩罚那些执迷不悟的人们：让他们既没有淡水喝，也没有淡水种庄稼。

因温度高、蒸发强烈、含盐度高，据称水生植物和鱼类等生物不能生存，故得死海之名。那么死海真的没有生物存在吗？通过研究，科学家们终于揭开了这个谜底：在这种最咸的水中，仍有几种细菌和一种海藻生存其间。原来，死海中有一种叫做"盒状嗜盐细菌"的微生物，具备防止盐侵害的独特蛋白质。

众所周知，通常蛋白质必须置于溶液中，若离开溶液就要沉淀，形

死海

成机能失调的沉淀物。因此，高浓度的盐分，可对多数蛋白质产生脱水效应。而"盒状嗜盐细菌"具有的这种蛋白质，在高浓度盐分的情况下，不会脱水，能够继续生存。嗜盐细菌蛋白又叫铁氧化还原蛋白。美国生物学家梅纳切姆·肖哈姆，和几位以色列学者一起，运用 x 射线晶体学原理，找出了"盒状嗜盐细菌"的分子结构。这种特殊蛋白呈咖啡杯状，其"柄"上所含带负电的氨基酸结构单元，对一端带正电而另一端带负电的水分子具有特殊的吸引力。所以，能够从盐分很高的死海海水中夺走水分子，使蛋白质依然逗留在溶液里，这样，死海有生物存在就不足为奇了。

死海的海水不但含盐量高，而且富含矿物质，常在海水中浸泡，可以治疗关节炎等慢性疾病。因此，每年都吸引了数十万游客来此休假疗养。死海海底的黑泥中含有丰富的矿物质，成为市场上抢手的护肤美容品。以色列在死海边开设了几十家美容疗养院，将疗养者浑身上下涂满黑泥，只露出两只眼睛和嘴唇。富含矿物质的死海黑泥，由于健身美容的特殊功效，使它成为以色列和约旦两国宝贵的出口产品。成千上万的人从世界各地来到死海以求恢复他们的精力和健康。

长期以来，在死海的前途命运问题上，一直存在着两种截然不同的观点：一种认为，死海在日趋干涸，死海日复一日，年复一年地不断蒸发浓缩，湖水越来越少，盐度越来越高。也就是说在不久的将来，死海将不复存在。而另一种观点则认为，死海并非是没有生命的死水，它很可能成为未来的世界大洋。这种观点从地质构造的角度考虑，认为死海位于著名的叙利亚——非洲大断裂带的最低处，而这个大断裂带还正处于幼年时期，终有一天生长出一个新的海洋。

尽管如此，预言死海将死的人还是大有人在，因为严酷的现实仍是湖水在减少，干涸的威胁在扩大；而认为死海成为大洋的观点仅是建立在地学上的假说——板块理论基础上的。因此，死海的生死存亡至今仍然是一个难解之谜。

神秘的南北纬30°

地球上的南、北纬30度是一个奇妙的地带，不知是出于巧合，还是存在某种无法解释的内在联系，在这一纬度附近存在着许许多多怪异的现象。

在这一纬度上，山川怪异，奇观绝景比比皆是。仅我国就有举世闻名的钱塘江大潮、安徽的黄山、江西的庐山、四川的峨眉山及湖南的马鬃岭等，都是奇异幽深的地方；世界上最高的青藏高原的珠穆朗玛峰和最深的西太平洋马里亚纳海沟位于这一纬度上；世界上几条著名的大河，如美国的密西西比河、埃及的尼罗河、伊拉克的幼发拉底河、我国的长江等，都在北纬30度入海。

在这一纬度上还存在很多著名的自然之谜，如：埃及金字塔之谜、狮身人面像之谜、撒哈拉沙漠之谜、百慕大三角之谜、美国圣塔柯斯镇斜立之谜等等，举不胜举。

更令人迷惑不解的是，这一纬度常常是飞机、轮船失事的地方，因此这里也有"死亡漩涡区"之称。如果把北纬30度的5个异常区即百慕大、日本本州南部、夏威夷至美国大陆间的海域、地中海及葡萄牙沿海、阿富汗和南纬30度的异常区域即非洲东南部、澳大利亚西海岸、新西兰北部海区、南美洲东部和东太平洋中部以及南、北极各一

巨大漩涡

个异常区在地球上标出，就会发现它们在地球上几乎是等距分布，如果从一个区域向另一个区域划线，那么整个地球就被划成 20 个等边三角形，每个区都处在这些三角形的结合点上，并且以 72 度经度的间隔均匀地围绕地球分布，都以相同的角度向东倾斜。

更令人不可思议的是，这些异常地区大都处在海洋水域，而海水表现为一种大规模垂直运动的涡漩，那里的海流、涡漩、气漩、风及海气相互作用、磁暴等，都远远比其他地区剧烈和频繁。南半球其余 4 个涡漩区大都有暖流经过，海底地形较为复杂或深度变化较大。因而这里事故频频发生。例如南半球的非洲东南部沿海坡称为 "世界最危险的区域" 之一，那里有海洋中最强劲的厄加勒斯海流经过，以浪大流急而著称于世。1952 年至今，至少有 12 条大船在此沉没，仅 1972 年，此海区就有 160 人丧生，1974 年 5 月 17 日，一艘 13 万吨的挪威油船在此遇难沉没。

这些在地球上排列整齐、分布均匀的死亡涡漩区，不仅给人类带来了灾难，也给人类增添了探索这些自然之谜的兴趣。

那么这些异常区域是如何产生的呢？为何它们会聚集在南北纬 30 度的地域之内呢？很多研究人员提出了种种设想和猜测，如磁和重力异常、磁暴、大气偏差、地震、海震、半个海龙卷、海啸、激烈的海面波动、时空翘曲、宇宙黑洞、地球内部的死光、引导天外来客的水下信号装置、不明飞行物体收掠地球上的人的载体、太阳短时间的炫耀、遮盖天体的光、某些星按一定规律的排列以及隐藏在异常区周围的一种不详之神的黑色幕罩等等，但无论是哪种猜测都不能提供合理的解释。因此，这一切至今还是个未解之谜。

"杀人湖" 与 "死神岛"

1984 年 8 月 16 日清晨，一位名叫福勃赫·吉恩的牧师和其他几个人正驾驶着一辆卡车经过喀麦隆共和国境内的莫努湖。这时，他们看见路边有个人坐在摩托车上，仿佛睡着了一样。

吉恩于是走近摩托车，发现那个人竟已经死了。当吉恩转身朝卡车走去时，忽然觉得自己的身子发软。吉恩和他的同伴闻到了一种很像汽车电池液体的奇怪气味。吉恩的同伴很快倒下了，而吉恩却设法逃到了附近的村子里。

上午 10 点半，当局得知已有 37 人在这条路上丧命。很明显，这些人都是那股神秘的化学气体的受害者。

据科学家称，使这些人丧失生命的神秘气体是从莫努湖中自然产生的。附近的村民报告说，在前一天晚上曾听到轰隆轰隆的爆炸声。当局也注意到湖里的水呈现出棕红色。

杀人气体

是什么引起了这股有毒的气体？火山学家西格德森认为在最深的水中，微妙的化学变化使莫努湖发生了强烈的分层。但某种东西扰乱了这种分层，使深水中丰富的碳酸盐朝着水面上升。这种压力的突然变化，使湖水释放出二氧化碳，就像打开的苏打瓶盖一样，这一爆发形成了 5 米高的波浪，使岸边的植物都倒下了。

据调查者说，这一事件是非常奇特的。技术人员曾考虑过利用这种分层作为能源的一种来源，但后来放弃了这一想法，因为他们害怕由此而引起巨大的气体爆炸。而现在引起极大关注的是，这种情况可能在喀麦隆其他具有火山口的湖中再次发生，因为这些湖都可能像莫努湖一样进行自然分层。

神秘的死神岛

在距加拿大东部的哈利法克斯约 500 千米的北大西洋上，有一座令船员们心惊胆战的孤零零的小岛，名叫塞布尔岛。

此岛位于从欧洲通往美国和加拿大的重要航线附近。历史上有很多船舶在此岛附近的海域遇难。从一些国家绘制的海图上可以看出，此岛的四周，尤其是此岛的东西两端密布着各种沉船符号，估计先后遇难的船只不下500艘，丧生者总数在5000人以上。因此，一些船员怀着恐惧的心理称它为"死神岛"。

有足印的火山口

尼加拉瓜西部马那瓜湖以南有一个叫做阿卡华林卡的地方。这里因为发现了一处古人类足迹遗址，一下子从被人遗忘的穷乡僻壤变成了旅游胜地。

这处被尼加拉瓜人习惯称之为"阿卡华林卡脚印"的古人类足迹，经考古学家们鉴定已有6000多年的历史。整个古人类足迹遗址由两个石坑组成，一个呈正方形，另一个呈长方形，坑深约2~3米，坑底平整，石质地面，就在这平坦整齐的石头地面上印着一排排大小不一、深浅不

火山

一的脚印。这些脚印的大小、深浅都非常清晰，有的甚至连每个脚趾都看得清清楚楚，就像雨后人们在湿润的土地上刚刚走过一样。

让人最不可思议的是，这些清晰可鉴的脚印是怎样留在坚硬的石头上的呢？考古工作者和科学家们考察和分析研究后发现：这里地处尼加拉瓜火山活动最集中的地区，有由火山爆发而形成的火山湖泊，也有世

马萨亚火山

界著名的，也是美洲大陆唯一终年保持熔岩状态的火山——马萨亚火山。马萨亚火山旁边还有一座活火山，因此，几千年来这里一直火山活动不断。科学家们推断，这些脚印可能是在某次火山突然喷发的时候，人们在来不及逃避的情况下，只得等到火山喷发间歇时找个场所躲避一下，这些脚印正是被惊吓的人们在逃离火山喷发现场时留在硬化过程中的熔岩上的。但有些专家学者却不同意上述看法，他们认为，当一个人遇到危险，处在危难境地时，头脑里第一个念头就是想尽一切办法脱离危险之地，因此这时他一定会使尽解数拼命奔跑。但现在人们看到的足迹是，脚印间距离很小，这是人在慢慢悠悠地行走时留下的足印，而不是遇险奔跑时留下的，何况有的脚印还踩得很深，似乎连脚跟到脚踝都深深陷了进去，这只有在负重情况下才会产生，难道这些人在逃离时还驮着许多东西？可见，这种解释并不符合常理。

巴哈马大蓝洞

巴哈马群岛位于美国佛罗里达半岛外的罗萨尼拉沙洲与海地岛之间。

巴哈马群岛由 30 个较大的岛、600 多个珊瑚岛和 2000 多个岩礁共同组成，全长 1200 千米，最宽处达 600 多千米，陆地面积约 14 万平方千米。

巴哈马人称蓝洞为"沸腾洞"或"喷水洞"，这是因为在洞口有汹涌的潮流出入的缘故：涨潮时，洞口的水开始围绕着一个旋涡飞速转动，能把任何东西吸入；落潮时，洞内喷出蘑菇形水团。一些当地人相信，蓝洞内生活着一种半似鲨鱼半似章鱼的怪物，这种怪物会用长触须把食物拖入海底的巢穴内吃掉，然后，吐出不需要的残余物。

巴哈马大蓝洞的全部洞穴都在水面之下，全长 800 米，直通大海。各洞窟彼此都有通道连接，通道间叉路很多，又连着小洞窟，像迷宫一样。洞中的钟乳石和石笋形态不一，有的像妖魔鬼怪，有的像飞禽走兽，有的像鲜花树木。这里虽然终年得不到太阳的照射，但却充满了生机，各种海绵布满了洞壁，青花鱼等水生动物也在洞中怡然自得地游来游去。

那么，巴哈马大蓝洞为什么会在水下形成呢？

巴哈马群岛原来是一条巨大的石灰岩山脉的一部分，当时地球上遍布冰川，海平面较低。后来，石灰岩受到酸性雨水的淋蚀而形成许多坑

巴哈马风景

洼，逐渐成为洞穴。后来，因气候日益干燥，地下河逐渐消失了，洞穴也随之干燥，于是从石灰岩中析出的硫酸氢盐和钙慢慢形成石笋和钟乳石，没有水的支撑，洞顶开始坍塌，很多洞窟的顶部弯成了穹形。距今1.5亿年前，冰川因地球气候转暖而开始融化，海平面也逐渐升高到现在的高度，一部分陆地沦为海洋，于是巴哈马群岛中的一些洞穴就变成了水中洞穴，因此形成了巴哈马大蓝洞。

一般的海底洞穴一旦形成了便常常被淤泥冲积物充塞掩埋，因而海底洞穴极为罕见。而巴哈马大蓝洞则由于附近大河少，沉积物少，而且水流较急，能将附近的沉积物迅速冲走等特点而得以存留至今。但巴哈马群岛至今仍在下沉着，那么它将来的命运又会如何呢？

纳斯卡巨画之谜

纳斯卡平原位于秘鲁南部，这里虽然空旷、荒凉，但却蕴含着令人难解的谜。在这片辽阔的原野上，有一处令人难以理解的奇迹。在方圆50平方千米内，有许多由深度为0.9米、宽15厘米至数米的巨大图画。这些画一般都有几百平方米大，画技按现代"二方边续画法"进行，也就是每隔一定距离就重复出现画面。画的内容包括各种动物、植物和人物。那么，是谁创造出这些硕大无比、气势磅礴的地上图画？刻制巨画又是为了什么？这些至今仍是人类解不开的谜。

1939年，纽约长岛大学的保罗·科索克博士驾驶着他的运动飞机，沿着古代引水系统的路线，飞过于涸的纳斯卡平原。突然，他好像看到平原上有着巨大而神奇的、好像是平行的跑道似的直线图案。的确是平行的跑道，因为它有着明显的起始点和终止点。科索克博士简直不敢相信自己的眼睛，他又一次仔细地观察这些巨大的图形，用卵石砌成的线条纵横其间，勾画出巨大的鸟兽和各种准确的几何图形，从高空中看就好像是用巨人的手指画出来的。

科索克博士这个惊人的发现，很快在世界各地引起巨大的反响。一时间，许多考古学家亲自实地进行考察。他们借助现代化的交通工具，从地面和空中不同方位进行勘察，发现这些巨大的图画，是由地面上的一些长则几千米，短则几百米，宽窄不一的沟壑和堆石组成的。那些线条有序地构成一些大大小小的三角形、正方形，以及用变化奇妙的螺旋形线条配合那些几何图形构成晰蝎、蜘蛛、章鱼、猴子、鸟和花木的图案。因此，科学界有人把纳斯卡巨画称作"世界第八奇迹"。

于是他们提出了疑问，这些巨大的图画是谁创作的？出于什么目的？是怎样创作而成的？这些都是十分难以回答的问题。因为创作这些巨画，不仅对于古人，就是对现代人来说，也是相当困难的。专家们发现有的线条绵延5千米，笔直地通到一座山脚下，然后从山的另一侧完美地对接上，继续延伸，就像是一条直线从山底下不弯曲地穿了过去。这说明作画者的视点不是在地面上，而是在足以同时看到山两侧的高空中。现代人倒是可以借助直升机和热气球这样做，古人是靠什么呢？经考察，这些巨画完成于公元200年～300年之间。那时，这一地区倒是曾经出现过繁荣的摩奇卡文化。不过，他们也不过是处于青铜时代和冶铁时代交替的历史阶段，是处于原始的社会状态下。难道那时他们就已经掌握了垂直升空的技术手段？那太不可思议了。

在这些千奇百怪的图案中，有一幅著名的"蜘蛛图"。这只40多米长的蜘蛛，以一条单线砌成，是纳斯卡最动人的动物寓意图形之一，这幅图可能是某个特权阶层的图腾，也许他们在某个特定的节日要用到这个图形。图形中的蜘蛛可能与预卜未来的

纳斯卡蜘蛛图

纳斯卡鸟图

仪式有关，但也可能是纳斯卡人崇拜的星座之一。

另一幅有名的图案就是"鸟图"，在纳斯卡荒原上砌着18个这种鸟图。这种鸟图尺寸非常巨大，长30～40米不等。在纳斯卡出土的部分陶器上，也发现有类似的鸟。更奇怪的是，在皮斯科海湾附近，一座光秃秃的山脊上，刻着一个巨大的三叉戟图案，而当时印第安人却从不未见过三叉戟图。这又是怎么回事？

构成这些图案线条的是深褐色表土下显露出来的一层浅色卵石。据专家计算，每砌成一条线条，就需要搬运几吨重的小石头，而图案线条中那精确无误的位置又决定了制作者必须依照精心计算好的设计图才能进行，并复制成原来的图样。而当时的纳斯卡居民尚处于原始社会，那么这些巨画是怎样制做出来的？有专家称，古代居民可以先用设计图制作模型，然后把模型分成若干部分。最后按比例把各部分复制在地面上。而另一些人则认为，这些巨画是按照空中的投影在地面上制作的。这样解释虽能比较直截了当地解决设计和计算的困难，但却引出了更多的谜团。因为古代纳斯卡人不可能掌握飞行技术，那么，是谁在空中进行投影呢？

卵石

有人提出，这些巨画是天外来客的作品，那些笔直的沟壕就是飞船降落的跑道，其他图形很可能是提示用的标记。可是，一些学者经过对巨画的认真研究后提出：巨画中出现的图案与纳斯卡出土的古代陶器上的图案基本上一致。这就说明巨画的作者就是曾经生活在这块土地上的古代居民。他们认为，巨画可能是古代纳斯卡居民的独特的天文日历。那些线条的交叉点，可能标志着一年中某些重要的时期，以及太阳、月亮和星星所处的位置，而那些动物图形也许表示星座的位置。

可是，这些说法都存在漏洞。首先，巨画的图案和陶器上的图案具有相同的风格，只能说明它们是具有同种文化背景的智慧生物所作，并不能就依此推断一定是地球人所为。天文、日历之说的猜测成分太大，缺少足够的说明，也难以站得住脚。如果作画的古代纳斯卡居民不是现代纳斯卡人的祖先，那么，他们从哪来？又去往何方？这也是一个十分难解的谜。

滴水的房子

1873 年 2 月初，在兰开夏郡埃克斯顿，有一座房子发生了神奇的事情，房间里会不断地淌出水来，这给居住在这个房子里的居民带来了极大的麻烦，他们的衣服全部被浇透了，家具也都被损坏到无法修复的地步。最令人惊奇的是，房子的顶棚却是干的。

类似离奇的事情不断发生。在 1955 年 9 月的一个早晨，住在维尔蒙特的温造尔附近的沃特曼（字面译为"水人"）一家的家具上出现了水滴。在立刻拭去这个海绵式的"露珠"后，水滴很快又出现了。"露珠"时大时小，但很多。负责这个地区的工程师们按出售房子的条例检查了所有的烟囱，并没有发现什么异常情况——烟囱没有破裂，表面又绝对干燥，可为什么水还在不断地涌现呢？在一个大晴天，当一家之长沃特曼博士把一盘葡萄从一个房间端到另一个房间时，忽然发现盘子里竟装满了水。事情真是太神奇了，我们至今也无法弄清楚事情的真相。

圣山之谜

　　传说诺亚方舟被停放在亚拉腊山高耸的峰顶，直到十九世纪仍未有人在教会的允许下登上过这片神圣的土地。

　　亚拉腊山峰顶终年白雪皑皑，好似一只姿态高贵动人的银色巨鸟，当地人把它称为"苦难的山"。令亚拉腊山驰名于世的却不是这里的天然美景，而是据说在大洪水慢慢消退时，这座山峰首先露出水面，所以诺亚方舟方可安全靠泊。

　　亚拉腊山有两座山峰：大亚拉腊山海拔5137米，是土耳其的最高峰；小亚拉腊山海拔3896米。两峰相隔11千米，由一道嶙峋的山脊连接。这两座山原来都是火山，由多层火山灰和熔岩堆成，如今山顶已看

亚拉腊山

不到火山口。可是，山侧仍满布小山锥和狭长裂缝，这是火山活动地区常见的现象。山谷里很多石块也含有火山灰成分。

尽管雪线就在海拔约 4420 米处，但山的较高处和较低处都很荒芜，而且山上很难找到水源，只有寥寥几棵桦树艰难地生存着。在 1500～3500 米之间的山坡则葱郁得多，库尔德农人到草坡上牧羊。此外以这里为家的动物并不多，但在十九世纪初时，数目肯定较多，因为一名英国外交官当时说过，有"熊、小老虎、猞猁和狮子等在山中出没"。中世纪时山中可能有野猫和蛇，以致谣传山上有龙。

由于亚拉腊山是那样神秘，而且登山又是那样困难，会遇到各种艰难险阻，如雪崩、浓雾、大石滚落，以及天气骤变等，直到 1829 年 37 岁的德国教授冯帕洛特才进行了首次攀登，此前他试过两次，但都没有成功。他攀登峰顶后插下一个十字架以示庆祝。

英国人布赖斯于 1876 年登上山峰，俯瞰山下千百年来被俄国沙皇、中东苏丹等统治过的土地，不禁感慨不已，说道："要是在地球尚无人烟之时，这里确是人类首先踏足地球之处，那么人类播迁之广，确是匪夷所思，实难想象有人试图把这里定为世界中心。"

卡纳克石阵

欧洲各地遍布巨石古迹。从南边的意大利至北方的斯堪的纳维亚，还包括不列颠群岛，巨石古迹几乎随处可见。其中规模最大的要数法国西部布列塔尼的卡纳克。这里不仅石块众多，而且范围广大，有八千米长。这样的石阵必定要耗费很多人力，可当时是谁完成了这一伟大的创举？至今仍无人知晓。

卡纳克石阵

巨石阵的组成

卡纳克石阵主要由三组巨石组成：勒梅尼克、克马里奥和克勒斯冈，全在卡纳克北部。巨石的高度参差不齐，最矮的在勒梅尼克西端，约高九十公分，最高的在克里马奥，高达七公尺。勒梅尼克共有一千零九十九块石头，排成11行，占地宽约1千米，长100千米。其东面是克马里奥，共十行，延伸2千米。再往东是克勒斯冈，几乎排成正方形，共13短行，540块巨石，末端是个由39块巨石围成的半圆。另外还有第四组位于小勒梅尼克，是最小的，仅有100块石头而已。各组的排列大致相同，全部沿东西方向分行排列，各行间的距离不同，接近外缘即南北边缘的行距较密。巨石排布越靠近东端，石块便越高，而且排得越密。偶尔有些石块并不排成直线，而是排成平行的曲线。

残缺不全的巨石

卡纳克现存的3000块巨石，可能只有原来的半数。有些已风化，更多的被当地农民和收藏家拿走。地震的破坏，尤其是1722年的大地震，使许多石块倒下跌碎，而更多的石块被人盗走了。

石阵建造者

各组石块是公元前3500至公元前1500年间的不同时期竖立的，约与英国的巨石阵和埃及的金字塔同期。虽然卡纳克的"建筑师"是谁及用什么方法建造的仍是个谜，但地质学家大致同意部分巨石的竖立年份早于轮子在欧洲出现的日子。石块采用当地的花岗岩，从采石场拖至卡纳克，然

巨石

后竖在预定位置。由于最高的石块可能重逾350吨，这项工程估计使用了许多人力。按当时男性的平均寿命为36岁，女性30岁来计算，应该没有一个在工程开始时参加的人能活到这项伟大工程的结束。

墓丘

巨石砌成的大道和圆环并不是卡纳克唯一的史前古迹，在这里还发现了一些陵墓，至少有两个建于公元前4000年。克马里奥巨石行列的方向，正指着一个长满青草的墓丘上一块竖立的石块，这块石头就是通往卡加度墓丘的入口标记。墓内一条以石块铺砌的甬道通往一个方形石室，这里葬着一代又一代的当地人。这座墓丘建于公元前4700年，入口朝向冬至日出的方向，是欧洲现存最古老的墓丘之一。

沸腾的泉水

冰岛间歇泉随处可见，最大的间歇泉位于岛的西南部。其中最有名的要数斯丘古泉了，斯丘古泉雾气萦绕的宁静水面，每隔 4～10 分钟，便会变成沸腾的大锅，猛烈喷出一道高高的水柱，场面十分壮观，吸引大批游客前来一睹其盛况。

斯丘古泉奇观

斯丘古泉汉译名为"翻滚的泉水"。斯丘古喷泉像受人控制一样，每隔一段时间，便向空中喷出一道高达 22 米的沸腾水柱。几秒钟后，响起

举世闻名的间歇泉——"盖策"泉

一阵蒸气嘶鸣声，喷泉便停歇下来，水面重新归入平静，上面笼罩着一层蒸气。不久水面又开始起伏，显示另一次喷发快要来临了，然后水面起伏加快，中间鼓起并冒出气泡。跟着一阵轰鸣，气泡突然爆裂，水柱再次喷出。

斯丘古泉位于冰岛特河旁的地热区，在"无烟城"雷克雅维克以东80千米处。这个地区有许多热水蒸气池和热泥浆池。大喷泉也在这里，此泉是喷发力最强的间歇泉，享有很高的声誉。

大喷泉泉水喷发力极强，泉水喷射高度曾达到过70米。1810年时，此泉每隔半小时喷射一次。五年之后，泉水喷射间隔的时间延长到6小时；到1916年，喷射完全停止。1953年，大喷泉又恢复每半小时喷射一次。

今天，大喷泉又"神经兮兮"地归于沉寂。有时技术人员为了向参观者展示壮观场面，会把大量皂液灌进泉里。提高泉水密度，好像给泉眼加上盖子，使蒸气不能散发。然后抽掉部分皂液，降低压力，泉水随即就喷射了。

喷泉形成的原因

冰岛位于中大西洋海岭上，正好处在两块巨大地壳板块分离之处。这里地壳薄弱，地下的熔岩就涌上来，加热了地下水，形成间歇泉Ⅱ喷出来。所以岛上有众多间歇泉。

温泉和热泥浆池往往位于熔岩接近地表的地方，且靠近地下含水层，惠特河谷就是这样的地方。熔岩把含水层和其中的地下水一起加热。热水若不受阻碍，就会升到地表形成沸腾的温泉或热泥浆池。然而，如果有一部分水困在含水岩石的孔隙，会加热到更高的温度，形成间歇泉。起初，水因受压而不能沸腾，随着热度升到超过正常沸点6摄氏度时，泉水开始沸腾。蒸气压力越来越强，令泉眼上的水冒泡鼓起，这样减低了里面的压力，诱发更多的水沸腾起来。

最后，过热的蒸气把热水柱喷射出来，就像从大炮射出一样。接着水又开始在受热的岩石孔隙中积聚，整个爆发过程又一次开始了。

莫赫陡崖之谜

爱尔兰大部分地区均呈现出温柔的"神态"——绿油油的田野、小山、浅水湖和溪流点缀着这片美丽的土地。莫赫陡崖的地貌在爱尔兰是最险峻的，与岛的温柔色彩不"协调"。黑乎乎的峭壁成锯齿状，像六角形手风琴似的陡峭岩石在大西洋中隐现，沿着克莱尔郡海岸延伸了大约8千米。

陡崖观海

莫赫陡崖并不优美，四周并无美景映衬。它从海角耸立，高达200

位于欧洲西方外海的大不列颠岛

米。虽然大西洋的狂风巨浪不停地猛击它的基底，但它似乎经受得住这种冲击，一直屹立不倒。海浪一浪接一浪，撞碎在峭壁上，激起狂乱的浪花。除了海面平静的日子，只要人畜冒险走近悬崖绝壁，就会给西风搅起的盐雾弄湿。大西洋的力量展现得淋漓尽致。

站在峭壁顶上令人感到阴森。崖下犹如被搅动的大锅，海浪拍岸的咆哮声被如泣如诉的风声盖过，崖上鲜能听闻。酷爱尖叫的海鸥在峭壁前盘旋翱翔，似乎也变得哑然无声了。只有当它们乘着突然刮起的阵风向上高飞时，才能听到它们尖锐刺耳的鸣叫声。在狂风暴雨之日，不列颠群岛荒凉无比。在崖底边缘，一层厚厚的咖啡色飞沫把浪花抛向高空；雨云压顶，显得乌黑；暗灰色的海面上白浪层叠，弥漫着一片银灰色的景致。

正在崩溃的陡崖

这一带峭壁正慢慢地一点点崩溃。偶尔峭壁上会有一段岩壁坠落海里。这是由于雨水浸透松动了峭壁顶部的土壤，以及海风里的盐分腐蚀了壁面造成的。悬崖的灰岩基底（是无数细小海洋生物的骨骼）是在三亿年前堆叠起来的。数百年来，越来越多颜色各异的砂岩和页岩沉积在海里。多次的地壳运动把沉积物逐渐推上了表层。

陡崖的神秘之处

都柏林本土作家普伦基特在《她佩戴的宝石》中写到："薄雾朦胧中，悬崖就像发狂的神在做恶梦；而每当天朗气清，尤其在日落时，那一带峭壁就进入了神话和地狱的境界。"在某个时期，古爱尔兰的众英雄必定会在崖顶昂首阔步。例如"莫赫"这个名字是指莫泰尔的古代海岬堡垒。这个堡垒是住在女巫角的古人建造的，其废墟在拿破仑战役中不幸被拆毁，取而代之的是一个信号塔。

据说靠近悬崖正面的一部分岩石很像一个女人坐着看海。当地人说她便是变成了石头的老妖梅尔。梅尔曾沿着庐普角向海岸迈进，以追求阿尔斯特的英雄卡查莱恩。传说她就在那里踱步失误掉进海里淹死了。梅尔的幽魂便在此处久久地徘徊着，时而呜咽，时而低泣……

法兰西"手印"

　　远古人类在祭祀中仪式纷杂，但他们是否会把他们的某个手指切掉？这是研究法国西南部加加斯山洞壁画的专家提出的一个神秘的问题。这个山洞里的史前壁画引起的问题，与西班牙艾塔米拉及法国拉斯考等山洞壁画类似，同样让人捉摸不透。加加斯山洞位于欧洲比利牛斯山脉，距卢德不远，有"手掌山洞"之称。在加加斯山洞里面黑色洞壁上，这些掌印历经了 35000 年历史，仍光彩夺目，不曾褪色；有些掌印呈黑色，

洞穴

印在红色框里，另一些则是红色；大多数掌印总有两只或多只手指缺了一截。这是为什么？

加加斯洞穴手印谜团

　　加加斯洞穴的手印，也许是现存最古老的洞穴艺术品，约成于35000年前的冰期后期，由今天欧洲人直系祖先克洛麦农人所绘。克洛麦农人是旧石器时代某些穴居部族中的一支，但他们不是最早在加加斯山洞壁上留下痕迹的生物。在他们之前，于洞内留下痕迹的是一度在西欧各地游荡出没的巨熊。这些巨熊像今天的家猫在家具上磨砺利爪一样，也在洞壁软石上磨，在石壁上留下了爪痕。在这些爪痕之间，散布着一些凹入土中的连绵曲线，则可能是人类模仿巨熊留下的痕迹，其历史也许比手印还要久远一些。

　　加加斯洞壁上，总共有150多个模绘或手绘的印记，其中大部分又是左手而不是右手的手印。手印本身以及黑色手印四周边框的颜色，大多是红赭色。但不管是红色或黑色的手印，以手电筒或灯光照射，都散发着神奇的光泽，因为岩画表面覆盖着一层薄而透明的石灰石。由于加加斯山洞里面极为潮湿，这种沉淀物仍在不断沉积。

手印的制作

　　与此一致，澳大利亚土著居民和非洲某些部落在山洞中也遗留下了一些手印，很可能是原始民族文身习俗的外延行为。手掌涂上红赭石颜料，再压在洞壁光滑的石块上，便会留下掌印。至于所产生的模绘效果，则可能是手掌压上石壁时，将液体或粉状颜料，吹喷到手上造成的。加加斯洞穴的手印以左手为多，颜色很可能是从右手所持管子喷洒出去的。

几种推测

　　洞穴壁画中的手印通常至少有两根手指的前两节不知去向，有时四根手指均如此；有时除食指外均如此；有时只有食指及中指如此；有时则只有中指与无名指如此；然而拇指永无残缺现象。

经过仔细研究，发现这些手指极可能是被强行切去的，并非只是翘了起来。有人说，由于克洛麦农人生活于冰期的后期，也许他们由于；冻疮而失去手指。可是，有些人类学家认为，他们切去一节或两节指节可能是一种宗教祭祀行为，但是这断指行为有些什么用意，至今尚无人得知。如今的非洲卡拉哈里沙漠地区一个游牧民族和北美洲的印第安人，也有类似的断指习俗，以断指来作为祝祷新生婴儿好运的祭礼或祈求猎神赐福。

荒漠之谜

赛斯登沙漠区隶属伊朗和阿富汗，是西亚地区著名的沙漠，面积7000平方千米，横跨伊朗与阿富汗边界。该地区偏僻荒凉，岩石裸露，气候干燥。境内河床终年在骄阳的炙晒下，除冬季及初春偶尔有水外，其余季节均无半点水分。

赛斯登沙漠区生物难以生存，人烟稀疏。可是，在不到600年前，赛斯登人口却很稠密，不但是个商业中心，而且农业也很发达，设有不少复杂的灌溉系统。后来，经过战争的侵袭，此前数世纪间在干燥土地上繁荣的文明，就这样在刀剑之下完全毁灭了。

在世界其他地方，即使遭受过数次战争的大规模破坏后，也很少会杳无人烟达数百年之久。然而，沙漠地区决不是求生存的理想环境。但是，灌溉工程可以修复，房屋可以重建，一切都可以恢复旧观。刻苦勤劳的民族，即使人口大量减少，只要下定决心，也常常可以度过这段困难时期。

赛斯登之风

赛斯登的情形特殊，经过战争的破坏加上风沙的侵袭，很快就成了一片荒漠。蒙古游牧民族离开后，干燥的大风接踵而至，把沙带进这里，好像是有人主使似的。

这种大陆风每年五月底吹来。整个夏季，风势惊人，几乎没有片刻宁静过，直至九月末才平息。干风从北面稍微偏西方向的西亚干燥心脏地区猛袭而来，有时风的速度惊人。

风声呼啸，尘沙滚滚，使整个地区有如鬼域。尘沙波浪式袭来。带头的是以前进沙丘形式到达的"散兵行列"，不断地向前翻滚。遇到不能立刻埋掉的障碍物时，沙丘就暂缓向前推进，好像等候援军。随着大量的沙从后面赶到，沙丘一个接一个地爬上障碍物。风将沙堆成高耸的大沙岭，掩没一切敢于"抵抗"的东西。

沙丘

曾于上世纪初率队勘定俾路支——阿富汗——波斯边界的已故麦克马洪爵士报告说，在一个夏季内，赛斯登的基拉淄村就完全被沙掩埋了。基拉淄村位于一个山脊的背风隐蔽处。风吹来的沙容易在山脊堆积起来，好像狂风吹雪和河水挟泥一般，等到挟持力稍为减弱的时候，沙粒便落在地面上。麦克马洪爵士目睹了赛斯登风沙的威力。在几个星期之内，漫天的狂沙就把一个大池塘填塞起来，变成了一个有 10 米高的沙冈。大风在一些地方堆起沙丘，也能把沙吹去，在另一些地方挖掘地面。因此长期掩埋在地下的废墟，突然会在几周内被风掘出。大风甚至能把黏土地挖出个大坑，坑深可达 200 米。

赛斯登地区的夏季强风，年年从同一方向吹来，吹了至少有 7 个世纪了。目前用土坯建造的房屋，挡风那面墙造得特别厚，而且没有设窗户。600 年前建造的房屋，也有类似的结构，而且房屋坐落的方位也几乎与原先一致。

"猛犸家园"

几十年前，动物学家杰拉尔德与德罗尔游历了泰米尔半岛。那里的冻土上长满了苔藓和草本植物，在绿地中开着小花。苔藓之间夹杂着雏菊似的小花和嫩草，此处遍地都有矮柳丛。

泰米尔气候

泰米尔位于北极圈中。即使在仲夏，气温也只有摄氏 5 度左右。冬季则有一段时间全是漫漫长夜，不过比夏季太阳不落的时间短。这时只能看到月光，偶尔还可见到极光。冬季的气温可降至摄氏零下 44 度。因而此处的自然条件比较恶劣。这里的植物大多是多年生的，为了免遭冷风袭击，长得很矮小，生长也较为缓慢。

泰米尔永久冻土广泛分布，最厚的冻土层深达 1370 米。冬季，所有土壤都变成坚硬的冻土；夏季，最上层的土壤融化成薄薄的湿土，使植物能在此扎根、生长。在最北面，湿土层只有 150～300 厘米厚，但是越往南，湿土层越厚，最厚可达 3 米，即使是桦树和落叶松等植物也能茂盛生长。

冻原地貌

泰米尔半岛分布着龟裂的冻原，是一种由垄埂把沼泽和小湖分割成不规则蜂窝状的特殊地貌。这是由于冰冻和解冻不断循环造成地面开裂形成的。在裂缝中逐渐形成的冰楔产生强大压力，使地面凸起成垄，而解冻的泥土和融化的冰水则沿坡而下聚成湖沼。

猛犸象踪迹

在冻原上，可以发现早已绝种的长毛猛犸象的骨骼和长牙。几世纪来，西伯利亚人不断从冻土中挖出猛犸的长牙卖给象牙商。

肩高 4 米的猛犸曾活跃在欧亚大陆北部和北美洲，其牙长达 4 米半，约在12000 年前灭绝了。但不少猛犸的遗骸——包括完整的猛犸尸体保存在永久冻土

猛犸象

中。"猛犸"一词源于西伯利亚的鞑靼语，意思是"上"。第一具几乎完整无损的猛犸象尸体在利纳牛岛发现的。

今天的"猛犸家园"

贝兰加高原，高约 1500 米。在高原的南缘，是泰米尔湖。这是北极最大的湖泊，但深度只有 3 米左右。春季，湖里注满融水，夏季有 3/4 的水流入河流，冬天全部结冰。湖岸是驯鹿的栖息地。旅鼠则在苔藓下面打洞穴居，它们是北极狐和雪枭的主要食物。极地狼是这里的霸主，它们游荡在无垠的雪原上寻觅着猎物……

印度"圣河"之谜

恒河是印度的象征，孕育了辉煌的印度文明，如今，它虽污染加重，但在印度教徒眼里，恒河水仍是最圣洁的甘露，能洗净虔诚的朝圣者充满世俗罪孽的灵魂，能够让自己得到拯救。

备受瞩目的圣河

恒河被看作净化女神恒刻的化身。她原先在天国中流淌，帕吉勒塔国王为了净化祖先的骨灰，将她带到人间。她如果直接落下，会冲走地上的人类，为了将洪水分流，她首先在湿婆的头顶落下，然后顺着他纷乱的头发化作涓涓细流。现在，每年都有朝圣者不辞劳苦，长途跋涉来到恒河，有的拖着病体，有的奄奄一息，都希望喝了恒河水，和在圣水中沐浴之后，能洗净自己的罪孽。他们这种信念源于河水的降温功能。许多印度教的习俗都建立在这样的信仰上：权力即酷热，如果说权力是邪恶的，那么用水给它降温会使它失去作用。印度教徒还相信，如果他们在河边火葬，然后把骨灰撒在河里，他们的灵魂会就不再忍受轮回之苦而直接升入天堂。

恒河

恒河源流

恒河的源流从喜马拉雅山脚冰洞中流出，在阳光下闪闪发光。这是印度最神圣的河，称为帕吉勒提河。这条活力充沛的溪流穿过加瓦尔山间的一个深谷，流经茂密的松树林、吐着芳香的雪松林和鲜红的杜鹃花丛，来到代沃布勒亚格城。

巍然耸立的悬崖下，帕吉勒提汹涌的河水与平静的阿勒格嫩达河水交汇，构成真正的恒河，以更庄严的姿态流向赫尔德瓦尔城。这是恒河流经最神圣的地点之一。每年春天，逾十万印度教徒在此庆祝恒河诞生。他们用各种仪式来欢庆，祭祀活动非常多，仪式也颇为独特。

"刺天剑"之谜

卡帕多西亚这个名字在过去似乎默默无闻，人们也很少留意关于它的一些事物，人们只模糊地记起它位于小亚细亚。但今天，卡帕多西亚成为了世界的旅游圣地，声望日隆。

人间石锥乐园

在卡帕多西亚，无数锥形和金字塔形的岩石从荒凉的深谷中拔地而起，构成了非常独特的景色。有些石锥从下至上逐渐变尖，十分光滑，高达5000米；有些则十分粗糙，奇形怪状；还有许多大小、形态各异的石柱和露头岩石。石锥的颜色更是绚丽奇诡：有淡黄、粉红、深朱、浅蓝及淡灰，多姿多彩，煞是好看。

卡帕多西亚石锥

石锥主人的魔力

民间流传着石锥起源的神话。很久以前，卡帕多西亚被一支掠夺成性的军队围困，当地居民祈祷真主帮助，结果把敌兵全化为石锥。令人惊叹的是：不少石锥和岩石顶上都有深色的石板。远望去只见那些石锥千奇百怪：有些形似古怪的蘑菇；有些则似身披斗篷、歪戴帽子的绅士；有些地方，石锥乱七八糟地散布在谷底；有些地方则排列得井然有序。

卡帕多西亚石锥矗立于埃尔吉亚斯死火山高原上。石锥就是由这座高达3916米的死火山喷出物质形成。千百万年以前，埃尔吉亚斯火山猛烈喷发，火山灰散布在广大面积上，冷却凝固成一层厚厚的白色凝灰岩，质地较软，用刀便可削刻。凝灰岩经长期风雨剥蚀，雨水冲出了壑沟、峡谷，留下了千姿百态的锥形丘陵。

火山喷出的凝灰岩有些温度非常高，与下层岩石融合，形成较坚硬的岩石层，颜色较深。这里沟壑纵横，呈现出奇特的自然景观，令人神往不已。

日本"圣山"之谜

在日本岛民心目中，富士山和樱花一直是完美的象征。观赏此山，四季皆宜，昼夜均可。据说春天攀登白雪皑皑的顶峰，观赏山下怒放的樱花，那种感受要远远胜过观赏富士山其他美景。富士山高3776米，是日本最高的山峰，富士山在过往的12个世纪中，给不少诗人和画家带来了灵感，此外，富士山不仅在日本神道教中有特殊的地位，对佛教徒亦有重大含义，他们认为海拔2500米处的绕山小径，就是通往另一个世界的通道。

风景如画

日本画家葛饰北斋画了很多富士山的风景画。富士山吸引日本人和外国游客的就是四季变幻的风景和其深厚的文化内蕴。日本文人赞道："富岳虽隐于冬雨寒露中，但仍显喜悦之情。"美国作家希恩因喜爱日本而加入日本国籍，曾说富士山是"日本最美的景色"。

日本土著虾夷人视富士山如神明，并以他们的火女神之名"富士"为此山命名。日本人对富士山一向崇敬，所以沿用了这个虾夷的名字。按照神道教的信仰，万物都有神灵，而山岳更是特别神圣。富士山是日本最高最美的山，故而受人尊崇，很多人视之为众神之乡，成为万民神往的神圣之地。

山顶神道寺建于二千年前，修建时间处于火山活动活跃时期，当时的天皇命令建寺，以期安抚诸神。二次世界大战结束时，仍有不少日本人认为攀登富士山是他们的神圣义务。上世纪有记载描述数以千计的善信，身穿白袍，足穿草鞋，头戴帽子，攀登此山。因为信徒所穿的草鞋

富士山

都不结实，要走完那九小时的山路，必须带上多双鞋子，所以路旁都堆满了被人丢弃的草鞋。

山光水色

富士山的山坡呈 45 度，近地面时坡度减小，趋于平缓，山周长达 126 千米。北麓有五个湖排成弧形。春天，繁花锦簇，莺歌燕舞；秋天，湖畔部分原始森林显出火红秋色，继而转为深浅不一的褐色。从这几个湖观看富士山，如镜的湖面，映出富士山的对称形状。富士山宗教和风景融合一处，别有一番情致。

火山口上的冰川

水能被巨大的冰层覆盖着，这就是冰岛特有的景象。

在冰岛的巨大冰原瓦特那冰川上，冰块的体积几乎相当于整个欧洲其他冰川的总和，面积差不多是威尔士或美国新泽西州的一半，其平滑的冠部更是伸展出了许多条巨大的冰舌。

但这片冰封的荒地，正随着时缓时急的火山脉搏不断扩展、收缩和搏动着。

冰岛的面积与爱尔兰岛差不多，但人口却还不如爱尔兰一个中型市镇。冰岛居民主要散居在狭长的海岸线附近。从地质学来说，冰岛是新近形成的，并且这个过程仍在继续。它屹立在 6400 千米厚的玄武岩上。在过去 2000 万年里，大陆漂移使欧洲及北美洲慢慢背向移动，使中大西洋海岭上一度深刻着巨大的裂缝，玄武岩就是从这个"热点"涌出来的。

当年维京人刚到冰岛时（传统认为是在公元 874 年），土地适宜农作物的种植。可从 500 年后的十四世纪开始，冰岛的气候大变，冰川侵入，海上的冰块激增。虽然十九世纪后期气候好转，但有十分之一的土地仍被冰川所覆盖，农作物种植受到限制。

冰川大约以每年 800 米的速度流转入较温暖的山谷中，当它在崎岖的岩床上滚动时裂开形成冰隙。冰块到达山谷时逐渐融化消失，留下冰川从山上刮削下来的岩石和砂砾。

多孔体轻的玄武岩

冰岛有一句谚语："冰川带走了什么，就归还什么。"1927 年，一位邮差在横渡布雷达梅尔克冰川上一座雪桥时，同四匹马一起坠入了深深的冰隙里。七个月后，人和动物的尸体露出了冰面，这是怎么回事呢？原来是冰川上冰块的环型活动把上层的冰块卷到下面，又把下层翻卷上去。就这样，尸体被卷回了顶层。

撒哈拉大沙漠之谜

撒哈拉大沙漠，位于非洲北部，西自大西洋，东到尼罗河，北起阿特拉斯山脉，南至苏丹，南北纵贯 1061 千米、东西 5150 千米，面积超过 900 万平方千米，撒哈拉作为世界上最大的沙漠，几乎占整个非洲大陆的三分之一。包含的国家有摩洛哥、阿尔及利亚、突尼斯、利比亚、埃及、毛利塔尼亚、马里、尼日利亚、乍得和苏丹。大多数人以为撒哈拉是一片沙丘起伏的区域，但实际上它大约只有五分之一的地方是由沙构成的。其余的地方则是裸露的砾石平原、岩石高原、山地和盐滩。

撒哈拉是典型的热带沙漠气候，炎热干燥，全年平均气温超过 30℃，最干燥的地区年降雨量少于 25 毫米，有些年份全年无雨。有雨的

撒哈拉沙漠的梯子

地方，雨水也在落地之前蒸发到了大气中。温差大是撒哈拉气候的另一大特征，最热的几个月中，温度超过50℃，冬天气温却会下降到0℃以下，日常的气温变化也在 −0.5℃到37.5℃之间。

撒哈拉是世界上最大的沙漠，因而人们对它望而生畏，然而它所有的秘密又使人们无限向往。很早就有专家提出疑问，曾经的撒哈拉是不是绿洲？因为据考古学家发现，很早以前的撒哈拉是一片生机昂然的土地。他们在沙里发现过许多洞穴，洞穴岩壁留下的壁画上，绘有成群的长颈鹿、羚羊、水牛和大象，还有人类在河流里荡舟，猎人执矛追杀狮子的场面，壁画中的塞法大神则是当地民众的"丰收神"，象征着六畜兴旺的太平景象。

1981年11月，飞越撒哈拉的美国航天飞机利用遥感技术，发现了茫茫黄沙下埋藏着的古代山谷与河床。随后，地质工作者通过实地考察，证实沙漠下面的土壤良好，并且发现了古人的劳动工具和生活用品。这些古人的生活年代早约在20万年前，至迟也在1万年前。也就是说，这里原本不是一望无际的沙海，那么究竟是什么原因使当年绿洲变成了今日的撒哈拉大沙漠呢？

对于这个问题，学术界主要形成了"人为成因"与"自然成因"两种对立的观点。前者认为，远古时代撒哈拉诸部落为了扩大自己的政治与经济实力，无节制地烧木伐林，放养超过草原承载能力的牲畜，若干世纪下来，森林锐减，草原沙化，最后演变成为了大沙漠。后者则认为，是地质历史大周期的转折改变了撒哈拉的古气候环境，年均降水量由

300 毫米左右突然降至仅 50 毫米，先是局部地区的沙漠化，然后节奏逐渐加快，沙漠不断蚕食周边的绿洲，最终将非洲三分之一的土地都吞没了。

据进一步测试显示，在撒哈拉厚厚的黄沙之下几百米至几千米处，藏有 30 万立方千米地下水。这不禁又引发了人们的猜测，这些水到底从何而来？据考察发现，撒哈拉并不是海洋演化生成，但是为什么却发现了盐矿？撒哈拉最初的漫天黄沙又来自何方？这一切至今还是个未解之谜。

阿苏伊尔幽谷谜团

阿苏伊尔幽谷是非洲最深的一条大峡谷，它位于风景秀丽的阿尔及利亚的朱尔朱拉山，并且是朱尔朱拉山中最著名的峡谷。那么何以阿苏伊尔幽谷如此著名，受到如此多的关注呢，其中到底蕴藏着什么秘密呢？它是非洲最深的大峡谷，可是，它到底有多深呢？至今人们也没有探查清楚。多年来，很多国家都相继派遣了探险队，组成了考察组来到此地进行深入研究。1947 年，阿尔及利亚和一些外国专家组成了一支联合探险队，来到阿苏伊幽谷准备探明它到底有多深。他们挑选了一个身强力壮，又有丰富经验的探险队员，第一个去尝试一下。这个探险队员系好保险绳，就顺着陡峭的山崖一步一步地滑了下去，上面的探险人员们紧紧地抓着保险绳保护着他的安全，保险绳上刻有深度的标记。

这个探险队员一步一步地往下滑动着，保险绳上的标记随着时间的推进，也在 100 米、300 米、500 米地往下滑，这时候这个探险人员一步一步地向着谷底摸索着，等他下到 505 米时，还是没有看见谷底。这个探险人员觉得身体越来越不舒服，不得已只好示意上面的探险队员，把他拉了上来。

大峡谷

就这样，这次探险活动没有考察到阿苏伊尔幽谷的秘密，最终无功而返。

1982 年，又有一支考察队来到了阿苏伊尔幽谷，他们决心一定下到超过 505 米的那个深底。于是一个队员做好了所有准备工作，系好保险绳慢慢地朝着谷滑了下去，当他下到 810 米的时候，阴森的深谷令他望而生畏，再也不敢往下滑了，只好爬了上来。这时候，一个经常跟山洞打交道的队员已经系好保险绳，十分镇静地朝着谷底看了一眼，然后就一米一米地滑了下去。

山顶的人们紧张地注视着保险绳上的标志，800 米、810 米、820 米，只见保险绳又往下滑了一米，这表示此时这个队员已经下到了阿苏伊尔幽谷 821 米的深底了。这个队员沿着刀削斧凿般的峭壁一步步下到 821 米深底的时候，体力明显不支，他深深地吸了一口气，稍微休息了一会儿，抓紧保险绳准备接着往下滑动，但没想到这个队员此时心里突然出现了一种莫名奇妙的恐惧感，甚至连朝谷底看一眼的勇气也没有了。于是，他只好摇了摇保险绳一步一步地返回了。

就这样，821 米这个深度就成了阿苏伊尔幽谷探险家们所创下的最高记录了，至于阿苏伊尔幽谷究竟有多深，那神秘的谷底有些什么东西。一直到现在都没能解开这个谜。不过，阿苏伊尔幽谷还在继续吸引着探险家们，不知道将来哪个探险家能够最后揭开这个谜底。

令研究人员疑惑不解的是为什么那两个探险队员下到了两个不同的深度时，都产生了一种恐惧心理，他们为什么会产生恐惧心理？是不是因为他们都是一个人独自往下走而感到孤寂呢？如果是这样他们为什么不多派几个探险家一起往下滑？是受当时或当地条件的限制吗？如果在人多的情况下，探险队员们还会产生恐惧心理吗？

除此之外，朱尔朱拉山和阿苏伊尔幽谷的许多秘密还有待人们去揭晓。比如，下雨或下雪时，无论山水多么湍急，山水沿地表流淌几十米之后便很快消失在山谷里，然后又在千米以下流了出来。当地人民利用从山谷里涌出的一股急流建起了一座小型水电站。阿尔及利亚一位洞穴学家探索朱尔朱拉山深处有一巨大水潭，阿尔及利亚正在组织专家们继续探索阿苏伊尔幽谷之谜，特别是正在加紧勘察，力图找到它那巨大的地下湖泊，查清其容量，以便加以利用。

另一个与阿苏伊尔幽谷有关的秘密是"地球中空论"。这个理论代表人物是辛普斯，他不是科学家，而曾经是一位出色的军人，退役后便全心全意地钻研地球内部之谜。辛普斯的理论是：地球不仅是圆球体，而且中空，共有五层同心的地壳，在南、北极各有几个直径数千英里的大洞穴。"地球中空论"的探讨持续了几个世纪，当然反对的声音居多数。

那么他们究竟谁的论断是正确的，在神秘的地球上是否还有另一深入地球内部的道路？这条道路真的是神秘的阿苏伊尔幽谷吗？阿苏伊尔幽谷到底有多深？它的里面到底有什么惊人的秘密？它与地球中空到底有没有关系？这一切的谜题至今还没有找出圆满的答案。

东非大裂谷的未来

东非大裂谷为世界陆地上最长的裂谷带，它的总长约 6400 多千米，平均宽 48～65 千米。这条纵贯非洲大陆东部的大裂谷，从广义上讲，北起西亚，从靠近伊斯肯德仑港的南土耳其开始，南抵非洲东南，一直延伸到贝拉港附近的莫桑比克海岸，跨越 50 多个纬度，人们称它是"大地上最大的伤疤"。东非大裂谷是由于地壳的两个大板块分离的结果，至今还有不少火山仍在活动，时有地震发生。古往今来，东非大裂谷一直倍受瞩目。东非大裂谷的未来命运如何，一直是人们关注的焦点问题。

有人在研究肯尼亚裂谷带时注意到，两侧断层和火山岩的年龄，随着离开裂谷轴部的距离的增加而不断增大，从而他们认为这里是一起大陆扩张的中心。根据20世纪60年代美国"双子星"号宇宙飞船的测量，裂谷北段的红海扩张速度达每年2厘米；在非洲大陆上，裂谷每年加宽几毫米至几十毫米。在1893年，英国地理学家约翰·乔治，曾对裂谷进行了5周的实地调查。他设想：东非裂谷不是像美国的大峡谷那样由河流冲刷而成的，而是因为地壳下沉，形成了一个两边峭壁相夹的沟谷盆地。这在地貌上称"地堑"。大陆漂移说和板块构造说的创立者及拥护者竞相把东非大裂谷作为支持他们理论的有力证据。

1978年11月6日，地处吉布提的阿法尔三角区地表突然破裂，阿尔杜科巴火山在几分钟内突然喷发，并把非洲大陆同阿拉伯半岛又分隔开1.2米。一些科学家指出，红海和亚丁湾就是这种扩张运动的产物。他们还预言，如果照这种速度继续下去，再过2亿年光景，东非大裂谷就会被彻底撕裂开，从而产生出新的大洋，就像当年的大西洋一样。但是，反对板块理论的人则认为这些都是危言耸听。他们认为大陆和大洋的相对位置无论过去和将来都不会有重大改变，地壳活动主要是作上下的垂直运动，裂谷不过是目前的沉降区而已。在它接受了厚厚的沉积之后，将来也可能转向上升运动，隆起成高山而不是沉降为大洋。

研究非洲板块沿东非大裂谷缓慢位移的科学家们决心通过实验证实到底是什么东西促成了板块的移动，数百万年后，现在的裂谷是否将变成海洋。来自美国、欧洲和埃塞俄比亚的72位科学家按计划分别抵达了埃塞俄比亚的各个地点，他们将协作完成非洲历史上最大的地震勘测。此次研究的重点将是位于埃塞俄比亚境内的3540

东非大裂谷

千米长的裂谷，这里是世界上大陆板块分裂活动最活跃的地方，岩浆源源不断地往外吞吐着。

板块构造图

整个工程将用到约 19 次爆破，1000 台精密仪器将收集从地表以下约 100 千米处深度传来的地震波。通过分析每次爆破导致的震波差异，可判断地下岩石的类型。经过勘探，科学家们推测，火山活动频繁的东非大裂谷的"伤口"将越来越大，最终变成海洋，正如今天的红海一样。

那么究竟东非大裂谷的将来会是如何呢？最终是分裂为海洋还是隆起为山脉？也许只有时间才能给出正确的回答。

神奇多变的艾尔斯巨石

澳大利亚中部的艾尔斯巨石是世界最大的整体岩石，被俗称为人类地球上的肚脐。艾尔斯巨石号称"世界七大奇景"之一，距今已有 4 ~ 6 亿年的历史了。它充满着神秘和传说，澳大利亚土著认为这块巨石属于他们并具有重要的宗教意义，是他们的圣山，每道风化的疤痕都对他们有特别的意义。因此每年吸引着来自澳大利亚国内外众多游客前去观赏。

艾尔斯巨石基围周长约 9 千米，海拔 867 米，距地面的高度为 348 米，长 3000 米。艾尔斯巨石用澳洲当地语称为"吾陆乳"。艾尔斯巨石位于澳大利亚大陆的正中央，孤零零地奇迹般地凸起在那荒凉无垠的平坦荒漠之中，好似一座荒凉礼赞般的、超越时空与地空间的天然丰碑。对这块世界上独一无二的巨大岩石，科学家至今仍破解不出其确凿的出处来源，有的说是数亿年前从太空上坠落下来的流星石，其三分之二沉

澳大利亚西南部的巨石

入了地下，三分之一浮在了地面。有的则说是1.2亿年前与澳洲大陆一起浮出水面的深海沉积物，恐怕这个难题将成为千古之谜。它的神秘之处还不仅如此，一天当中，当阳光从不同角度照射巨石时，巨石会变出许多不同的颜色。艾尔斯巨石的多变色，至今仍是一个未解之谜。

1873年一位来自南澳名叫威廉·里斯蒂·高斯的测量员，横跨这片荒漠。正当他饥渴难耐之时，突然一座巨大的石山展现在他的面前，当时他还以为自己是因疲劳而产生的幻觉，没想到竟是一座奇特的整体巨大岩石。因为他来自南澳，因此就以时任南澳洲总理亨利·艾尔斯的名字命名了这座大岩石。

这座圣山会奇迹般地发生"变脸"，从不同的角度可以看出它那千姿百态的美丽容颜。远远望去这块巨岩的表面十分圆滑而光亮，像一座红色巨型的大理石碑，石碑上似乎没有一道裂缝和断痕，只有无数条整齐的纵沟横纹和大小不一形状奇特的凹凸处，那都是岁月留下的风化与水化的痕迹。仔细观看，有的地方像是一朵巨大的蘑菇头；有的像是雄壮的狮身；有的像是突起高大的驼峰；有的像是连绵起伏的山峦；有的像是巨大的瀑布群；有的像是打闹戏逗中的母子狮；有的像是浩浩荡荡的八仙过海；有的像是一张张极富性感的嘴唇，或大张或微闭，类似种种不胜枚举。

更加吸引人的是变幻多端的巨石色彩，一般来说一日之内巨石随着时间的流逝会变换出7种颜色：黎明前，艾尔斯巨石是黑色的，到了日出时，巨石又穿上了浅红色的外衣，到了正午巨石则变为橙色。傍晚夕阳西下，巨石则又成为了深红或酱紫色。夜幕降临前，巨石则又呈现出黄褐色。夜幕降临后，巨石则收拢了所有的颜色与大地融合在了一起。据观察，风雨前后巨石是银灰或近于黑色的。万一遇到狂风大作、雷电交加、山雨欲来时，虽然人们设办法攀登巨石和观赏它那变幻多端的色彩，然而却能看到壮观瀑布中的巨石。风雨中，巨石则又换上了黑色。大雨过后无数条瀑布从巨石上急淌直下，一副千条江河归大海的壮观景象。偶尔风雨过后，彩虹高悬天边，巨石上也仿佛被镶嵌上了一条巨型的五彩发带。总之，巨石的颜色变幻多端，一时很难尽述。

但是为什么艾尔斯巨石会有如此百变的颜色呢？至今其中的原由众说纷纭，莫衷一是。据当地土著传说，艾尔斯是他们祖先在"梦幻时代"开辟的路径上留下的标识。"梦幻时代"是指天地形成的那段时期。在这段时期，艾尔斯周围居住着兔袋鼠族和花杂斑蟒族。花杂斑蟒族遭南方毒蛇部族攻击，

夕阳照射下的艾尔斯巨石

兔袋鼠族的地母女神布拉利出手相救，击败侵略者。

在兔袋鼠族的传说里，也提到部族曾遭到威胁的事。敌对部族唱歌召来一只叫古本亚的恶毒野犬，袭击兔袋鼠族人，幸好他们具有超凡的跳跃能力，才逃过大难。对今天的土著来说，有关这两件事的证据仍可在艾尔斯看到。毒蛇族人的躯体给绑成艾尔斯的形状，而岩石旁的水痕则显示他们流血的地方。兔袋鼠族逃跑留下的足印就是岩石底部周围的一连串洞穴。

洞穴中的壁画也有类似的象征意义，并显示哪种生物代表某族或某人。这种认为人跟某种动物、植物，或者一些生物有密切关系的信仰，就是图腾崇拜。

但根据地质学家的推断与考证，认为艾尔斯巨石主要由红色砾石组

成，其含铁量相当高，岩石表层的氧化物随着阳光不同角度的照射，而不断地变化着其颜色。这种奇妙变幻的光影，给艾尔斯巨石增添了无穷的魅力与神奇。但是显然这种理由还不够充分。

那么，究竟是什么原因使得这块巨石呈现出如此多的色彩呢？它又究竟来自何方呢？至今这些还是个未解之谜。

神奇的尼亚加拉大瀑布

您看过杂技表演艺术家布朗亭在尼亚加拉瀑布的奔腾激流上方160英尺高处架起长达1000英尺的钢索，成功地空着双手走了过去吗？

您看过他蒙上双眼、头套口袋，也同样成功地走过这1000英尺的钢索吗？您看过同样的一个人踩着独轮小车过去，踩着高跷过去，背上背着人过去，坐在钢索上烹调了一个煎蛋饼还将它吃了吗？是什么使勇敢而伟大的布朗亭有如此的力量呢？那就是尼亚加拉瀑布，是它给予了布朗亭伟大而神奇的力量。

尼亚加拉瀑布可算得上是世界上最为神奇的地方之一了。下面就让我们一起探视尼亚加拉瀑布的传说之谜吧。

构成了部分加拿大与美国的边境线，将纽约州与加拿大的安大略省分开的尼亚加拉河从伊利湖向北流向安大略湖，全长将近30英里。它位于北面，面积为25万平方英里，并成为这些湖的通畅出口。

它的最大水流量达到每秒25万立方英尺，十分令人敬畏。这条河被草莓岛和格兰德岛劈开分成3段，头5英里只有一条河道。

向东的美国河道有15～16英里长；向西的加拿大河道则较短，只有2～3英里长。在格兰德岛后两个河道又合并到一起，再流过3英里就到了举世闻名的尼亚加拉瀑布。

这条大河最终可到达安大略湖，先后途经7英里的峡谷、一片开阔

尼亚加拉大瀑布

的湖区平原和 7 ~ 8 英里的陆地。

　　尼亚加拉瀑布本身也被哥特岛分成两个部分。马蹄形瀑布高度接近 160 英尺，顶部宽度将近 3300 英尺。比加拿大部分的还要高上大约 10 英尺，但是宽度只有 990 英尺的瀑布则位于美国一侧。

　　它的形成在于不寻常的地质构造。在尼亚加拉峡谷中岩石层是接近水平的，每英里仅下降 19 ~ 22 英尺。

　　岩石的顶层由坚硬的大理石构成，下面则是易被水力侵蚀的松软的地质层。激流能够从瀑布顶部的悬崖边缘笔直地飞泻而下，正是由松软地层上的那层坚硬的大理石地质层所起的作用。在巨大的大陆冰川后撤后，大理石层暴露出来，被从伊里湖流来的洪流淹没，形成了如今的尼亚加拉大瀑布。

　　通过推算冰川后撤的速度，瀑布至少在 7000 年前就形成了，最早则有可能是在 2.5 万年前形成的。

地下乐园

土耳其卡帕多基亚的格尔里默谷地和月球表面很相似，这里的火山沉积物上矗立着许多奇形怪状的石堡。这些石堡是由火山熔岩硬化后，经风蚀雨侵而逐步形成的。

火山沉积物上矗立着许多奇形怪状的石堡

然而，卡帕多基亚真正引起轰动的发现是那座巨大的可居住成千上万人的地下城市，它坐落在今天土耳其的代林库尤村附近。

在卡帕多基亚地带布满了地道和房间。地下城市是一种立体建筑，分成许多层。人们对地下城市建造的时间和用途有着不同的见解和推测，其中有些人举出具体的史实来加以考证。史实之一是在基督教早期，这一新生宗教的信徒寻求避难并最终选中了这里。最早的一批大约在公元二世纪或公元三世纪以后一直延续到拜占庭时期，也就是阿拉伯军队围攻坚固的君士坦丁堡（即今伊斯坦布尔）的时候。当时的基督教徒确实在这里避过难，然而并不是他们建造了地下城市。因为地下城市早在他们到来之前就已存在了。那么，地下城市究竟建于何时呢？人们一直思考这样一个问题：人类为什么要把自己隐藏起来？他们究竟要防备谁？

如果地面上的敌人拥有军队，他们肯定能看到耕种过的土地和空空如也的房屋。而地下城市里建有厨房，炊烟可通过通气井冒出地面，从而被敌人发觉。如果地面上的敌人将地下城市的通气口封堵住，就会把地下城里的人饿死或闷死。所以，人们恐惧的也许不是地面上的敌人，他们在地下岩石中开凿避难之所，也可能是他们害怕能飞行的敌人。这个猜想和我们今天挖筑地下掩体防护系统有相通的地方。上述说法的阐述并不是没有道理的，但事实究竟如何，还有待于人们进一步地调查研究。

海底喷泉

茫茫大海中，海水并不都是咸的，在一些小面积的海域里还有一些清甜爽口的淡水，这应该归功于海底喷泉。喷泉是地下水涌出地面而形成的。一般情况下，喷泉只分布在陆地上，但奇怪的是，有些地方的海边、海底也有泉眼，泉水可以从海底喷出来。

俄罗斯的一艘考察船在黑海的海面上发现了一个奇特的喷泉，它被命名为"甘吉亚蒂海泉"。它每秒喷出大约 300 升的淡水，由于水压高，所以能够直接穿破海面。远远看去，泉水在蓝色的海面上翻滚，就像烧开的水一样。考察队员用芦苇插进泛着白色泡沫的水里吮吸，泉水凉爽清甜。

在美国佛罗里达半岛以东，离海岸不远的大西洋里，有一片海水是可以饮用的，过往的船只常常来这里补充淡水。这片海水直径有 30 米，颜色、温度、波浪都与周围的海水水文状况不同。这是为什么呢？最近，谜底

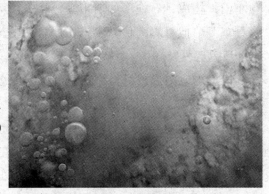

冒着气泡的海底喷泉

终于被揭开了。原来，这里的海底是个小盆地，盆地中间有个喷泉，每日不停地喷出淡水。在水流的影响下，淡水从泉眼斜着升到海面上。根据测量，这个海底喷泉每秒喷出的泉水有 4 立方米，比陆地上任何一个喷泉的喷水量都要大。因泉水不断喷涌，把周围的海水隔绝开来，久而久之，这片海水就变成了一个纯粹的淡水水域。

七千万年前的"摩天城市"

美国亚利桑那州海拔高处，一个荒芜的平原上，许多巨型红色砂岩高耸入云，好像宏伟建筑的遗迹。

雄伟的巨石、干爽清新的空气、荒漠斜阳下长长的巨石影子，赋予莫纽门特谷地独特的美态。莫纽门特谷地属美国西南荒漠地带，地跨犹他、亚利桑那两州。谷地上巨石林立，都是风化剥蚀的产物，样子大多像残破的建筑，如倒塌了的城堡、古庙、摩天大楼、石柱和石塔。

许多巨石正由于形状特殊，赢得引人遐思的名字。"城堡石"是座雄伟的平顶石丘，高三百公尺，顶部形如开了枪眼的城垛。"拳击手套"是一对靠得很近的巨石，每座由一根狭窄石柱和一座小方山（孤立的平顶小山）构成；石柱形如拇指套，小方山活像手套主体。不远处，"伏窝母鸡"酷似母鸡蹲伏窝中；庄严肃穆的梅里克小方山和密契尔小方山恍如巨型天然墓碑。

根据当地传说，梅里克和密契尔是两名探矿人，十九世纪八十年代到此找寻银矿，遭印第安人杀害，两座小方山以他们姓氏命名，作为纪念。"修道院女院长"高二百四十五公尺，为"三姐妹石"中最高的一座，形如披上修女头巾的女士，十指交叉在祷告，栩栩如生。

莫纽门特谷地并非自古以来即屹立着的小方山和平顶石丘。约二亿五千万年前，当地的红砂层原为浅海。海床沉积大量厚重淤泥，把红砂

莫纽门特谷地

压实，变为多孔砂岩。淤泥则渐渐转化为页岩。其后海水退却，约七千万年前，地壳剧烈运动，陆块向上翘曲，形成广阔圆丘，冷凝下来。原有的海床变为一望无际的砂岩高原，表面覆盖页岩和砾岩（颗粒较粗的沉积岩，主要由卵石和砾石构成）。裸露的岩层长期受强风和流水侵蚀，出现峡谷和冲沟，地面割裂为多个宽广的高原；高原再经风化，面积缩小，变为方山，最后剥蚀为小方山和岩柱。

　　莫纽门特谷地像美国西南部大部分地区一样，景色壮丽，但是不宜人类和野生动物居住。仅纳瓦霍印第安人仍在放牧绵羊和山羊，此外渺无人烟。干旱的沙丘和荒芜的密灌丛地，只有兔子和需要很少水分的冷血动物可以生存，诸如颈领蜥蜴、角蜥、大草原响尾蛇等。

　　由于年雨量很少超过二十公分，植物稀少，只生长几种耐旱的植物，例如刺柏、蒿、北美矮松和仙人掌等，这些植物几个月不下雨仍能生存。偶降暴雨，野花种子迅速发芽生长，把荒野点缀得斑斓多彩，可是花朵一两天就枯萎。多少年来，莫纽门特谷地似乎没什么变化，但是侵蚀过程并未停止，每天均有岩石剥落崩塌。长此以往，高耸的残余岩石体，终有一天会被夷平，剩下平坦单调的砂岩高原。

永不消逝的"彩虹"

一座瑰丽的红色砂岩石拱，弯弯架在美国犹他州南部山区岩石间，像是彩虹幻化而成的，是世界一大奇观，也是派尤特印第安神话和纳瓦霍印第安神话的中心。

美国犹他州南部，派尤特印第安人和纳瓦霍印第安人流传许多神话，其中一个便提及一道"石彩虹"。那是一座美丽的石拱，形状和颜色都酷似天上的彩虹，只有少数土著知道在哪里。

1909年，三名白人听说纳瓦霍山附近有此奇观，受好奇心驱使，骑马走过石质荒原和陡峻的峡谷，一心要看看这个非凡的天然胜景。他们雇了两名印第安向导，走过美国境内最苍凉的荒野，终于找到雄伟的彩虹桥。他们看见彩虹桥，都给慑住了。这座天然石桥，不但形如彩虹，颜色也十分相似。万里无云的蓝天下，粉红色砂岩透着淡淡的暗紫色，

彩虹桥

午后则点染赤褐和金棕。

这是天然石拱中最大最完整的一座，形态优美，长九十四公尺，跨越宽八十五公尺的峡谷，那几乎等于四个网球场的总长度。桥底至桥顶高八十八公尺。桥身厚十三公尺，宽十公尺，足以容纳双线行车。

单是硕大雄伟的特质，就使罗斯福总统赞叹不止，称之为世界最壮观的天然奇景。

彩虹桥本是突出悬崖的石嘴，桥伸石桥河之上。

石桥河平日流量不大，雨季则河水暴涨，带来大量泥沙，刮擦石嘴基部。年深日久，把石嘴基部掏空，形成桥孔，留下优美石桥高架半空。

强风侵蚀，把石桥表面"打磨"得光滑，线条流畅。

"石彩虹"是纳瓦霍印第安人的圣地。到那里的惟一通路，隐蔽在狭窄的峡谷中，艰险难寻。首批白人来到这里后，才恍然大悟，明白为什么知道"石彩虹"所在的印第安人那么少。

1910 年，美国政府把彩虹桥列为国家名胜，予以保护。一九六四年格伦峡谷堤坝落成，格伦峡谷堤坝拦截河水，蓄成鲍威尔湖，使科罗拉多河水面升高，二十公里难以穿越的陆地险径变为易于通航的水路，游人可以乘船抵达彩虹桥附近。

犹他州有许许多多同类的砂岩石拱，单在石拱国家公园里，就有二百多座。石拱国家公园位于彩虹桥以北三百公里，那里的"景观拱"也是一座保持世界记录的天然石拱：全长八十九公尺，为世界最长的天然大桥。"景观拱"很脆弱，其中一段仅厚一点八公尺，距峡谷底平均约三十公尺。

公园内另一座宏伟石拱名为"铁弱拱"，当地人却按其形状谑称为"女人的灯笼裤"。"铁弱拱"比一座七层大厦还要高，傲然独立在荒凉石谷的边缘，从桥孔中看到下面拉萨尔山脉的全貌。

陨石坑之谜

美国亚利桑那州弗拉格斯塔夫市附近的巴宁格陨石坑（又称流星陨石坑）是由一颗小行星撞击地球后形成的。这个被撞出来的陨石坑直径1200米，深200米，猛烈的撞击使坑周边隆起，高出周围沙漠达40多米。这个陨石坑由约5万年前一颗铁质流星撞击形成的。根据石坑的大小推算，这颗流星可能重达90万吨，直径100米。在遇到地球大气层阻力时，大多数流星会燃烧或粉碎。科学家们认为，这颗如此巨大的流星，以如此之快的运行速度撞击地面发生爆炸，其能量相当于1945年8月毁掉日本广岛的原子弹的40倍。

1871年当人们发现这片洼地时，都以为它是塌陷的火山口。1890年，有人在尘地岩屑中发现了碎铁。于是，一些科学家开始怀疑那可能是外太空物体撞击地球所留下的痕迹，而并不是什么火山口。

但最初人们不理解为什么在巴宁格陨石坑看不到陨石本身。这个大陨石给人们留下了一个大坑和几块陨石铁片，为什么便消失得无影无踪了？有人估计陨石就落在坑下几百米的地方，可是谁也没能挖出它来加以证实。后来科学家们推测，这块巨石在落地时已被击成碎片了。费城一位采矿工程师巴宁格博士，对于坑内埋有富含铁质的巨大陨石深信不疑，于是他把那块土地买了下来，并于

巨大的陨石

1906 年着手钻探。经过勘察，他发现坑口东南面的岩层比其他方位的岩层高出 30 米，由此他断定，陨石从北面掉落，以低角度撞击地面，留在坑口的东南部地下。于是，钻探工作如期展开。但 1929 年，钻探工作被迫停止了。

在 20 世纪 60 年代，人们在坑里发现了柯石英和超石英。这两种物质是在极大的压力和极高的温度下才能被制造出来的。在坑内找到这两种物质，足以证明坑口是由巨大撞击力造成的。现在人们以巴宁格的名字来命名这个陨石坑，以纪念巴宁格博士。

奇异的贝加尔湖

贝加尔湖面积为 3.15 万平方千米，最深处达 1620 米，储存的淡水占世界淡水总量的五分之一。世界上一些著名湖泊水量逐年减少，贝加尔湖水量却在逐年增加。整个湖区以及附近一带生活着 1200 多种动物，生长着 600 多种植物，其中地球上其他地方几乎没有的特种生物在此处多有发现，有些生物只有在几万年甚至几亿年前的古老的地层里才能找到与之类似的化石。另外，还有不少生物，要到相隔甚远的热带或亚热带的某些地方，才能发现它们的同宗或近亲。例如，有种薛虫类动物，在印度的湖泊里才能找到它的近亲；有种水螅，只有在中国的南方湖泊里才能见到；有种蛤子，也只有在巴尔干半岛的奥赫里德湖中才能找到。

然而，令科学家们最感兴趣、最疑惑不解的是，许多地地道道的海洋生物在贝加尔湖中也能发现其踪迹，如海豹、鲨鱼、海螺、奥木尔鱼等。世界上只有贝加尔湖湖底长着浓密的丛林——海绵植物群落，海绵中还生长着外形奇特的龙虾。一般湖泊深到二三百米时便很少有生物，贝加尔湖却是个特例，深处含氧丰富，生物种类奇多，甚至在 1600 米的底部仍可见到大量生物。人们推测这与湖面强风吹袭，再加上每年大批沉入湖底的碎冰带来足够的溶氧有关。贝加尔湖内特有的底栖生物含量极其丰富，欧洲湖泊只有 11 种虾状的扁形虫，而贝加尔湖却有 335 种之多，其中有一种扁形虫长达 40 厘米，是目前全世界最大的一种，可以猎食小鱼，足见其"身强体壮"。贝加尔湖的湖水一点也不咸，为什么会有如此众多的海洋生物在此生活呢？这些海洋生物又是从哪里来的呢？科学家们对此进行了考察和研究。

最初，中国科学家认为，地质史上贝加尔湖与大海相连，海洋生物是从古代海洋进入贝加尔湖的。前苏联科学家维列夏金根据古生物和地质方面的材料推测，一个浩瀚的外贝加尔海曾在中生代侏罗纪时存在过。后来由于地壳变动，留下内陆湖泊——贝加尔湖，由于雨水、河水的不断加入，咸水稀释，但海洋生物却遗留了下来。到了 20 世纪 50 年代，随着钻探技术的进步，在贝加尔湖畔打了几个很深的钻井。在取上来的岩芯样品中，没有发现任何中生代的沉积层，只有新生代的沉积层。其他的一些材料也证明，贝加尔湖地区长期以来一直是陆地，贝加尔湖也是地壳断裂活动而形成的断层湖，从而否定了湖中海洋生物是海退遗种

贝加尔湖

的说法。

那么，湖中的海洋生物又是来自何方呢，它们又是怎样进入湖中的呢？前苏联的贝尔格院士等人认为，真正的海洋生物只有海豹和奥木尔鱼，它们可能是从北冰洋沿着江河来到贝加尔湖的。那么，如何解释海绵、龙虾、海螺、鲨鱼等

海螺

生物能在此处被发现呢？前苏联的学者萨尔基襄认为，贝加尔湖和海洋的一些自然条件有相似之处，如贝加尔湖非常像海洋盆地，所以在许多淡水动物的身上，产生了像海洋动物一样的标志。

关于贝加尔湖特有的生物来源问题，至今也是众说纷纭。最显而易见的疑问在于：为什么海豹和奥木尔鱼不在海洋中老老实实地生活，而出现在 2000 多千米以外的淡水湖中呢？而且它们怎么知道那里的贝加尔湖是适于它们生活的地方呢？

复活节岛之谜

复活节岛上巨石像的来源一直是一个谜。考古学家发现，在该岛的拉库山脉上有几个采石场。其中的岩石好像切蛋糕一样被人随意切开了。采石场上有很多尚未加工的石料，还有一些只加工了一半的石像，当中一个石像的脸部已经雕凿完毕了，后脑勺还跟山连着，只要再凿几下就行了。可是，石匠好像忽然发现了什么或者突然出了什么事情，急急忙忙地丢下手中的工作跑走了。这里究竟发生了什么重大的变故呢？

有人说，复活节岛当时可能发生了火山爆发，要不就是发生了狂风

巨石雕像的复活节岛

海啸，石匠们为了活命，就扔下手里的工作，四处逃跑了。

　　复活节岛上确实有 3 座火山，一座叫特雷瓦卡，在岛的中央；一座叫拉诺卡奥，在岛的西边；一座叫波利克，在岛的东边。地质学家们仔细地考察了那些火山，发现复活节岛就是火山爆发形成的。不过，那些火山早就成了死火山，从人类在这里生活以后就再没爆发过。这也就是说，复活节岛上当时根本就没有发生过火山爆发。复活节岛的居民们对狂风海啸这样的灾害早已习以为常，用不着那样惊慌，再说，灾害过去以后，他们又能去哪里？

的的喀喀湖曾经是海洋吗

　　的的喀喀湖位于玻利维亚和秘鲁两国交界的科亚奥高原上，被称为"高原明珠"。湖长 200 千米，宽 66 千米，面积 8330 平方千米。湖面海拔 3812 米，平均水深 100 米，最深达 304 米，湖水蓄积量 827 立方千米。的的喀喀湖是南美洲最大的淡水湖，也是世界最高的可通行大船的大淡水湖。的的喀喀湖的名称来源译成当地的印第安人语言，可能是"美洲豹的山崖"或者是"酋长的山崖"的意思。岛上有印第安人的古迹，印第安人一向把的的喀喀湖奉为"圣湖"。

的的喀喀湖是一个内陆湖，但不同于世界上许多高山、高原上的咸水湖，而是一个淡水湖。它海拔高而不冻，处于内陆而不咸。这是因为湖的四周雪峰环抱，湖水不断得到高山冰雪融水的补充，故而湖水不咸；又因为湖泊地处安第斯山的屏蔽之中，高大的安第斯山脉阻挡了冷气流的侵袭，故而湖水终年不冻。

对于的的喀喀湖的成因，通常认为它形成于古地质时期的第三纪，在强烈的地壳运动中，随着科迪勒拉山系隆起及巨大的构造断裂，在东科迪勒拉山脉和西科迪勒拉山脉

安第斯山脉

之间，形成了一条西北——东南走向的构造盆地。的的喀喀湖就位于该构造中。

的的喀喀湖之中蕴含着很多奥秘，比如的的喀喀湖还保存着"海洋鱼类生物"。也就是说的的喀喀湖的鱼类和甲壳类生物，有许多是属于海洋（而非淡水）生物类。渔夫在湖中打捞起的生物竟然有海马，这实在很令人费解。一位专家指出："这个湖中发现的绿钩虾科和其他海洋生物，使我们不得不承认，在历史上的某些时期，这个湖所含的盐分比今天高出许多，或者，更正确地说，这个湖的水原本来自海洋。当年陆地

上升时，海水被困在安第斯山中，从此与海洋隔绝。"

因而有研究人员提出疑问：的的喀喀湖，是否曾经是一片汪洋呢？如果是，那么现在的的的喀喀湖又是如何形成的呢？

有人认为这可能与地球的翻转有关。他们想象地球翻转的时候，超级海啸以高3000多米的超级巨浪，扫荡过平原和丘陵，飞扑安第斯山。的的喀喀湖的原来位置应该是一块山间盆地，在那一场浩劫之后，的的喀喀湖就成了远离海洋的高山上的海水湖。1亿多年过去了，大自然还没有抚平那场浩劫的伤痕，并且留下了这个最高水位线的标志和鲜活的生物标志。据此推测，在的的喀喀湖的湖底位置，应该能够以潜水方式发现一些史前文明的遗址和文物。学者实地考察了的的喀喀湖畔的第华纳科古城，在冲积层中，发现了一些沼生植物和人类的骨骼混合在一起，而这些人显然是死在大洪水中。此外，还发现一种古代鱼类的骨骼，和人类的遗骸共同埋葬在冲积层中。还发现了一些成堆的石雕品、器皿、工具和各式各样的器物，这些东西经过一番剧烈的震荡，全都破碎成一团，乱七八糟地堆在一起。只要在这里挖掘一条2公尺深的壕沟，就会发现，洪水的威力是如此的可怕。它结合地震的力量，将人类和各种动物的骨骼送到这里，跟陶器、珠宝、工具和各种器皿掺混在一块。这就是地球翻转的超级巨浪的科学效应。

的的喀喀湖

另一种观点则认为是地壳的变动导致了今天的的的喀喀湖。

在历史上的某一个时期，由于地质变动，这里的整个高原平台被迫从海床上升；这次地壳上升的结果，形成了今天的南美洲大陆。在这个过程中，大量海水挟带着无数海洋生物被汲取上来，留置在安第斯山脉上。专家认为，这个现象发生在大约 1 亿年以前。而且，在历史上的某些时期，这个湖所含的盐分比今天高出许多，或者，更正确地说，这个湖的水原本来自海洋。

当年陆地上升时，海水被困在安第斯山中，从此与海洋隔绝。其中最值得注意的是，周遭陆地上至今还存在的古老湖岸线显示，的的喀喀湖的面积经历过大幅度的改变。令人困惑的是，这条湖岸线竟然不是水平的，而是从北到南一路倾斜下去。根据测量结果，它的最北端高出的的喀喀湖面达 295 英尺；在大约 400 英里外的南岸，它却比现在的湖面低 274 英尺。根据这些相关证据，地质学家们推断，的的喀喀湖周围的高原平台现在仍持续上升，但上升得并不平衡，北边上升较高，南边较低。

那么的的喀喀湖究竟是如何从海洋变成如今的样子呢？至今还没有定论。

亚平宁水晶石笋

1971 年，一批探险家在意大利安科纳弗拉沙西峡谷一带发现了一处巨大的地下洞穴，这条巨大的洞穴长达 13 千米以上，这个惊奇的发现令世人感到震惊。

洞穴探险

探险家们手持手电筒，沿曲折的地下长廊摸索，涉水走过一个个深及膝盖的清水池和泥浆潭，只见石笋林立，像一根根华丽的水晶柱。再往前行，只见又湿又冷的洞穴网错综复杂，恍如大理石的巨型石柱使人眼花缭乱，又好像冰雪覆盖的精美石帘更让人感到惊讶不已。百万年侵蚀造成的奇景，像一幅油画展现在众人面前。

水晶石笋

弗拉沙西峡谷

弗拉沙西峡谷两边峭壁陡立，蜿蜒近 3.2 千米，由湍急的森蒂诺河冲刷而成。森蒂诺河是伊西诺河的支流，伊西诺河发源自亚平宁山脉，东北流入亚得里亚海。弗拉沙西峡谷两边的绝壁都是石灰岩，满布洞穴。"教堂穴"中，建有奉献给弗拉沙西圣马丽亚的十一世纪小教堂，以及教皇利奥十二世 1828 年下令建造的八角形教堂。发现弗拉沙西洞穴的地下奇景后，寂静的安科纳得以扬名天下。

弗拉沙西峡谷两旁的山岭是典型的岩溶地带，又称"喀斯特"地貌。"岩溶"是地质学名词，意指可溶岩石，如石灰岩等，受酸性雨水侵蚀，形成特殊的地貌。洞穴、落水洞、伏流、地下河等，都是地貌的特征。

洞穴景致

弗拉沙西洞穴包括几组洞穴，最大的首推"大风洞"。沿平坦的小路约走 1.5 千米来到石灰岩山下，就到达这个奇妙的世界了。岩石洞凿通了一条短隧道，通往一个大如主教堂的洞穴。中央为"安科纳深渊"，漆黑一片，深不见底。弗拉沙西洞穴蕴藏着无穷的魅力。

深渊旁屹立一巨人柱，那是一根巨大的石灰岩柱，表面凹凸不平，蚀刻很深。"巨人柱"对面是"尼亚加拉瀑布"，钟乳石重重垂挂，果真叫人联想到飞珠溅玉、水声如雷的尼亚加拉瀑布。更深处的"蜡烛穴"内，石笋从浅水池面冒出，闪闪发亮，正像点着的蜡烛；加上底部的白"烛台"和引人入胜的灯光，洞穴立刻"蓬荜生辉"了。

弗拉沙西洞穴内部的环境特殊，温度稳定，湿度高，虽然缺乏阳光，食物稀少，但是扁虫、千足虫、地洞蜈蟒和鳌虾等大量繁衍。数量众多的蝙蝠栖息在洞穴中，晚上它们成群结队地在地洞中来回飞舞。

巨石阵之谜

巨石阵的"神话"

饮誉世界的巨石阵遗址位于英格兰南部沙利斯伯里。

石阵的主体是一根根巨大的石柱排列成几个完整的同心圆。石阵的外围是直径约 90 米的环形土岗和沟。沟是在天然的石灰土壤里挖出来的，挖出的土方正好可以作为建造人工山岗的材料。紧靠土岗的内侧由 56 个等距离的坑构成另一个圆，坑用灰土填满，里面还夹杂着些许人类祖先的骨灰。这些坑是由探险者约翰·奥布里发现的，因此现在通常称之为"奥布里坑群"。

坑群内圈竖着两排蓝沙岩石柱，现已败落，有的只留下原来的痕迹。

巨石阵

巨石阵最壮观的部分是石阵中心的沙岩圈。它是由 30 根石柱加上两根横梁，彼此之间相联，形成一个封闭的圆圈。这些石柱高 4 米、宽 2 米、厚 1 米，重达 25 吨。沙岩圈的内部是五组沙岩三石塔，排列成马蹄形，也称为拱门，两根巨大的石柱，每根重达 50 吨，另一根约 10 吨重的横梁嵌合在石柱顶上。这个巨石排列成的马蹄形位于整个巨石阵的中心线上，马蹄形的开口正对着仲夏日出的方向。巨石围的东北侧有一条通道，在通道的中轴线上竖立着一块完整的沙岩巨石，高 4.9 米，重约 35 吨，被称为"踵石"。每年冬至和夏至从巨阵的中心远望踵石，日出隐没在踵石的背后，使巨石阵笼罩在奇异的光环之中。

巨石阵建造之谜

根据科学家实地考证，巨石阵最早是建于新石器时代后期，约公元前 2800 年，那里已建成了巨石阵的雏形——圆沟、土岗、巨大的踵石和"奥布里坑群"。公元前约 2000 年开始是巨石阵建筑的第二阶段、整个巨石阵基本形成。这个阶段的主要建筑是蓝沙岩石柱群和长长的通道。巨石阵的第三期建筑最为重要，约在公元前 1500 年，这时建成了沙石圆和拱门，巨石阵已全部完工，这就是我们现在看到的雄伟壮丽的巨石阵遗址的全貌。在远古时期要建如此巨大的工程谈何容易，大约要 150 万人合力才能完成。而巨石阵究竟有什么用途，这个谜一直未能解开。

热带雨林之谜

热带雨林被称为"地球之肺"，它的分布广泛而有规律，范围由北纬 20 度至南纬 20 度，共有三个主要区域：南美洲、非洲和印度至马来西亚一带。

热带雨林灌木林

热带雨林的分布

　　除了东非的沙漠区与半干旱的热带稀树草原以外，赤道线上的陆地都在这个地带之内。南美洲的雨林最大，所占的地区有巴西北部和中部亚马孙河流域盆地的大部分，并向南伸展，在玻利维亚境内沿着安第斯山脉东部山麓，进入拉巴拉他河流域，再经过哥伦比亚北部，抵达奥利诺科河流域。安第斯山脉北段，把这片广大雨林与太平洋海岸的狭长雨林地带隔开。太平洋海岸雨林，由厄瓜多尔北部起，沿海岸进入巴拿马，再继续伸展，经过中美洲，沿着加勒比海岸，抵达墨西哥，差不多到了北回归线附近。沿巴西南部海岸，还有些孤立的雨林区。西印度群岛也有少量的热带雨林分布。

三大雨林区

　　三个主要雨林区中，非洲的热带雨林面积最小。博物学家对非洲雨林目前小、过去大的问题，曾有很多争论。目前，非洲雨林主要集中于刚果河流域的中部盆地，并在北面及西面沿几内亚湾伸展。

印度至马来西亚的雨林最零散，多在东印度群岛的一些大岛屿上，例如苏门答腊、婆罗洲、西里伯和新几内亚等。印度西部海岸、缅甸、越南与柬埔寨海岸、沿澳洲昆士兰北部海岸和北澳区等边缘地带也有雨林。这些雨林大多是"季雨林"。

雨林奇景

雨林中不乏巨树。较高的树平均为 150 米左右，但 200 米以上的高树也不难见到。据报告，雨林中最高的树接近 300 米。一般来说，雨林的树木都比欧洲或北美洲温带的林木要高。采伐最多的温带森林，树的平均高度约 100 米，150 米的树已极少见。不过，热带雨林的树都没有美国加里福尼亚州的赤杉或澳洲的有加利树那样高大。加里福尼亚州赤杉常有 350 多米高。记录中澳洲最高的有加利树，据说高达 375 米。

世界各地的雨林都有多层的林冠，而每一层又像海洋的深度带一样，很难划分，因为各层彼此间的界限并不明显。但在习惯上，谈到雨林的林冠，通常分为上、中、下三层。雨林里树木种类繁多，因而形成多层密叶。雨林潮湿的环境为树木的生长提供了极佳的生存条件。

第二章 "百家争鸣"的中国地理奇观

风动石之谜

古称铜山的东山岛位于中国福建省东南部，岛上是美丽的热带海滨风光，岛上有一块被誉为"天下第一奇石"拘风动石，更是风景区著名景点。

这块奇特的风动石屹立在海滨附近，石高 4.73 米，宽 4.57 米，长 4.69 米，重达两千多吨。这只形如一只雄兔的巨石落脚点仅仅几厘米见方。当海风吹来强劲的气流，会使风动石微微晃动，让人觉得岌岌可危，可风停后，风动石便又稳如泰山了。风动石不仅在风的吹拂下会摇晃，而且人力也能使其晃动。如果把瓦片放在石下，只要位置适当，一个人足以把这硕大的奇石轻轻晃动起来，不一会儿瓦片咯咯作响，顷刻间化为粉末，奇石晃动的轨迹清晰可见。1918年 2 月 13 日，东山岛发生 7.5 级地

铜山风动石

震，山石滚落，屋倒人亡，风动石却安然无恙。七七事变后，日军企图搬走风动石，日舰"太和丸"上的士兵用钢丝索系于风动石上，开足马力，可多条钢丝索竟被拉断了，风动石仍纹丝不动，最后日军只得放弃这一企图。风动石历经沧桑，依然斜立如故。

中国的死亡公路

　　距离中国兰（州）新（疆）公路430千米处，有这样一个令过往司机心惊的恐怖地带。汽车行驶到这里，常会被一种神秘的力量影响，莫名其妙地翻车。虽然司机们一到这里便会更加小心，可事故还是接连不断地发生，每年少则十几起，多则几十起。表面看来，这100米路段路面平坦，视野开阔，与其他路段没有什么不同之处。是不是因为这里是弯道，汽车速度过快，产生强大的离心力而失去平衡，从而发生事故呢？答案是否定的。经过对路面的重新研究，专家们一致认为设计没有问题。尽管这样，交通部门还是对这段公路进行了改建，将以前的弯道改直并加宽了路面。可这些努力都是白费力气，翻车事故一点都没有减少。有人调查了历次翻车事故，发现每次失控的汽车都是向北翻，于是人们推测可能北边有一个大磁场，是强大的磁力将汽车吸翻的。这种说法存在一定道理，但至今还没有找到充足的科学根据来加以证明。

辽宁的"怪坡"

　　位于辽宁省沈阳市新城子区清水台镇周家村东北方的寒坡岭是中国最早被发现的怪坡。1990年5月，一辆面包车途经此地，司机下车小歇，就在此时，这辆熄火的面包车已自行从坡底"滑行"到了坡顶。

这条"怪坡"长约 90 米、宽约 15 米、坡度为 1.85°，坡道平坦，两边长满了小草，和一般的山坡无太大差别。

但就在这"怪坡"上，汽车下坡必须加大油门，而上坡即使熄火也可到达坡顶；骑自行车下坡要使劲蹬，上坡却要紧扣车闸；即使人在坡上行走，也是上去容易，下来难了。

台湾的"怪坡"

你见过"水往高处流"的奇景吗？在台东县东河乡一个名叫"都兰"的旅游胜地，就有这样一处与众不同的景观。

"怪坡"旁有一股小山溪，溪水流到山脚下的农田，而靠近山脚旁的另一股溪水，不往下流，偏偏反其道而行之，向山坡上流去，观者无不称奇。

人们惊异于华夏大地上出现的这些"怪坡"，这种不可思议的神奇力量吸引人们纷纷前往一探究竟。非常有趣的是，类似"上坡轻松、下坡费劲"的"怪坡"，在世界各国亦已发现了多处。

金沙江大拐弯之谜

金沙江是长江的上游，它和怒江、澜沧江等大河在青藏高原的东北部发源，然后几乎彼此平行地一齐向南流淌，在青藏高原的东侧切成几列深邃的平行河谷。而在河谷与河谷之间，就是一条条大致平行的高山，这就是我国有名的横断山脉。

金沙江

在这三条河流中，金沙江最靠东边。

起初，金沙江也是由北向南流的，可是当流到云南省境内的石鼓村北时，江流突然折转向东，而后又转而向北，在只有几千米的距离内，差不多来了一个一百八十度的大拐弯。金沙江流过石鼓村以后，坡度骤然加大，江水在只有几十米宽的深谷中呼啸奔腾。江两岸，一边是玉龙雪山，一边是哈巴雪山，从江底到峰顶高差三千多米，形成世界上最壮丽的峡谷，这段峡谷就是大名鼎鼎的"虎跳峡"。

千百年来，万里长江第一弯曾使许多到过这里的旅行者迷惑不解，就是世世代代居住在江边的居民们也弄不清这到底是怎样形成的。

世界上所有的河流都是弯弯曲曲的。河流弯曲的原因主要是由于河水对两岸的侵蚀不同造成的，因此河流总是在地球大地上划出一条条十分平滑和缓的曲线。

但是，也有一些特殊的情况。有的河流在它的流程中，可能会产生十分突然的拐弯，金沙江上的大拐弯就是其中最典型的例子，因此有"万里长江第一弯"之称。

科学工作者通过对金沙江的河流形态进行深入研究，提出了下面一些推断。

一种比较流行的看法是，从前金沙江并没有今天的大拐弯，而是和怒江、澜沧江等一起并肩南流。就在金沙江与它的伙伴们一起南流的时候，在它东面不远的地方，还有一条河流由西向东不停地流淌着，我们不妨叫它"古长江"。急湍的古长江水不断地侵蚀着脚下的岩石，也不断地向西伸展着。时间一长，终于有那么一天，古长江与古金沙江相遇了。

它们相遇的地点就在石鼓村附近。

想想看,两条大河相遇会发生什么情况呢?俗话说:"人往高处走,水往低处流。"古长江地势比起古金沙江要低得多,滔滔的金沙江水受到古长江谷地的吸引,自然掉头向东。于是,金沙江就成了长江的一部分。这种现象,在地貌学上有一个名词,叫"河流袭夺"。河流袭夺这个词非常生动。一条本来流得好好的河流,竟然被另一条毫不相干的河拦腰斩断,把它掠夺到自己的怀抱里。

河流袭夺说还有一个有力的证据,那就是在今天的金沙江石鼓大拐弯的南方,也就是人们认为的当年金沙江流过的地方,还真的有一条小小河流——漾濞江。

漾濞江的源头与石鼓的距离也不很远,那里还有一条宽阔的低地。这里虽然没有河流,可是仍然是一种河谷的形态。

袭夺说的支持者们认为,古金沙江被古长江袭夺以后,江水虽然被古长江袭夺而去,但是,当年的河谷还在,并且在古金沙江的下方,仍然残存着一条小河——漾濞江,那也是古金沙江的遗迹。

也有人不同意这种看法。他们认为,这里根本就没有发生过古长江与金沙江相互连通的河流袭夺事件,今天的金沙江之所以会发生这样奇怪的拐弯,只不过与当地地壳断裂有关。

他们发现,在石鼓以下的虎跳峡是沿着一条很大的断层发育起来的。金沙江在它流淌的过程中,碰巧遇到这条断层,河流不得不来了一个大拐弯。

酿酒之泉

处于中国江西省白术村的五味泉,堪称大自然自设的一座天然酿酒厂。这个村子在吉安盆地东部,在它附近的一座九峰岭山脚下有一股清澈的山泉。泉水无色透明，并含有大量气泡，口感甜味适中，又有辛辣的感觉，咽下后，喉头略有些苦，还有些许酸味，味道堪与鲜啤酒相媲美。当地人称它"五味泉"，外地人则称之为"酒泉"。当地人常将泉水取回，作啤酒饮用。我国许多专家学者对酒泉含量进行了分析，发现它不仅微量元素丰富，而且不含热量，是理想的天然健康饮品，可是这座"酿酒厂"是如何生成的，专家们至今仍不清楚。

奇异的泉水

我国四川、广西和湖南等省，有些泉、井很奇怪，当水的颜色变化时天气也要发生变化。例如，在四川省吉蔺县向顶乡境内，石灰岩层中有一眼泉，泉水涌出的低洼处形成了一个水面面积达 50 平方米的天蓝色水塘，每当天要下雨的时候，水色变黑，转晴前，水色变为淡黄。天气变化后一日左右，水又恢复成天蓝色。如果塘水呈五颜六色，第二年必定风调雨顺。又如重庆市温泉公园有一个冷矿泉水形成的水池，泉水清澈透明时，预示天气晴好。当池水混浊并冒气泡时，则暗示天将下雨。如果池水特别混浊，气泡很多，则是大雨或暴雨。根据多年观察，这个泉水变化对天气的预示是很准确的。

广西贵县庆丰乡新墟东侧，有个泉涌而成的池塘，水面面积约 3 亩，池底有数个日流量约 3 万吨的泉。池水清澈，终年不

泉水

断。令人惊奇的是，这个泉池每逢大雨前 12 小时，池水会变成淡红色。据测定，池水中含有锶、氧等 20 多种微量元素，可是池水为什么会依据天气变化而改变颜色，这仍然是个不解之谜。

湖南省洞口县竹市镇荷池村的田垄中，有一口古井，井水清澈透明，常年有水。井深 2 米，长、宽各 1.5 米。1979 年以来，每当下大雨的前一天，井水都会变成深棕色并带苦涩味，持续 3～5 小时之后，水质恢复正常。对于此种变色过程。这口古井每次都准确无误。这口井又怎么会有这样奇特的功能，目前还是个谜。

海南省万宁县北大黎族苗族乡常树园村附近，有数十个泉眼。主泉位于宽 5 米、长 40 多米的山沟里，支泉遍布附近的山坡，泉水汇成溪流，注入附近的龙尾河。让人称奇的是，如果在泉水附近，连续有噪音影响，尤其是如果用点燃的香或其他烟火，在任何一个泉的上空连续盘转几分钟后，附近的所有泉都冒出连续的气泡，发出"啧啧"之声，随之泉水滚动如汤煮沸，涌水量明显增长，水温从 50 摄氏度升至 75 摄氏度以上，整个泉群乃至整个山沟都有水汽弥漫，几米以外就可闻到硫磺味。这个泉水中含有何种含硫物质？为什么受噪音和烟雾影响都会出现上述现象？这些疑团还有待专家来解开。

泰山佛光之谜

人们对于泰山佛光的传说由来已久，泰山脚下的居民曾有幸见到过。说泰山佛光是岱岳菩萨显灵，要指引那些有缘分的人到极乐世界去。假若登泰山的人能见到佛光，这是非常幸运的事。

佛光乍现

佛光像一个巨大的五彩缤纷的光环，呈现在眼前。它的彩带显现出

泰山风景

红、橙、黄、绿、青、蓝、紫七色，绚丽极了。最外一层的红光圈如斑斓的日珥一样，光彩夺目。在巨大的光环中似乎还有人影晃动。这是围观者的影像，人们激动得手舞足蹈，光环中的影像也随着活动。这时候，恐怕真是"目睹佛光惊神魂，飘飘欲飞似仙人"了。周遭白云飘忽，雾气氤氲，光环时隐时现，时浓时淡，开合幻化。一会儿，佛光又在象鼻峰前的白云洞出现了。登山人越来越多，连刚刚爬上南天门的游客，也顾不得休息，都竞相一探究竟。

云雾消散了，佛光不见了，只剩下光芒四射的碧霞和熠熠闪亮的天街。佛光从清晨七时多到八时多，延续的时间约一小时。人们如春梦初醒，痴情地望着天空。碧霞元君把佛光收回去了，但是游客早已经把难得的景观都藏入了脑海中。

佛光成因

泰山佛光多半出现在岱顶，从瞻鲁台、碧霞宫至南天门这一狭长地带。它是太阳照射云层或雾层上形成的色彩光环。云和雾都是由空气中的水蒸气凝结而成的。而云和雾又是一些颗粒极小的水珠，当太阳光照射云雾时，这些小水珠就像三棱镜一样，会产生折射作用，把原来白色的阳光分解成红、橙、黄、绿、青、蓝、紫七色，就形成了我们所看到的彩色光环。佛光的大小和位移以及清楚与否，都和云雾的变化浓淡有关。看来"佛光"乃是大自然造化出来的奇迹。

"死亡"之洞

峨眉山舍身崖分四个崖台，每个崖台斧劈刀削，十分险峻。在海拔一千多米的第一个岩台上，有个曾使七十二人瞬间惨死的洞穴——三霄洞。三霄洞究竟隐藏着怎样的秘密呢？

峨眉山为我国佛教的四大名山之一。远在秦汉时期，就有方士在山上隐居。东汉末年，道教在山上修建宫殿，开始了宗教活动。从南北朝开始，山上开始兴建佛教寺院。明清两代，佛教活动达到鼎盛，山上所建庙宇有一

峨眉山

百五十一座之多。山上香火缭绕，但游人一般不到舍身崖的三霄洞游玩，因为这里被称为恐怖的"死亡之洞"。

佛门惨案

三霄洞曾是佛教的热闹之地，洞外庙宇雄伟，环境清幽。那是1927

年秋季的一天，富顺籍的演空和尚出任三霄洞住持，一帮富顺的善男信女捐款铸造了一口大铜钟，千里迢迢送到这里。众人来到洞内，酒酣饭饱之后，已是下午3点，为朝贺三霄娘娘，唱起了《三霄计摆黄河阵》，演空和尚忙制止说："佛地要静，吵闹了三霄娘娘是要降罪的。"大家情绪高涨，哪里肯听。这时，洞内到处点燃了蜡烛，大家团团围着，边唱边跳，顿时人声鼎沸，鼓声不断，钟声轰鸣，使这个高三米、宽五米、长约七百米的洞内灯火辉煌、烟雾缭绕。突然间，洞内一声巨响，刹时漆黑一片，一股巨大的黄色火焰，像火龙似的从洞底喷薄而出，当场七十二人窒息身亡。

消息传出，当时的两县县长吓得胆颤心惊，面如土色，火速到三霄洞调查原因，结果没有结论，只好下令封闭了三霄洞，将遇难的七十二人埋在三霄洞外，拆毁了洞外的三霄娘娘庙，禁止游人到此游玩。没过多久，成都《新新新闻》周刊还以《峨眉山三霄洞惨案，三霄娘娘显圣，七十余人丧生》为题，报道了这一震惊巴蜀的惨案。

荒芜的三霄洞

几十年过去了，这里路断人稀，成为令人生畏之处。现在三霄洞杂草丛生，枯藤遍野，"三霄洞"三个大字还依稀可辨。从洞口往里走约三百米处，还有两具尸骨。洞口两边各有一尊菩萨，高约四米，已面目模糊。那口铜钟已被人从洞口推到崖下约十米，至今还遗弃在那边无人问津。

"沧海桑田"奇景

沧海桑田只在神话之中有所耳闻，但现实中也有这样的奇妙影像，你相信吗?

白沙堡甘泉的消涨现象就是最好的例子。白沙堡的百姓们世代过着日出而作、日落而息的耕织日子，并无令人惊异的事发生。但是后来白沙堡变成了一个声名远播的地方，来此探奇、旅游的人日益增多。原来，在村上有两口甘泉六十年久涨一次，三十年暂涨一次。泉水为何自涨自消，这中间有什么奥秘吗？

泉水暴涨

白沙堡村前有肥沃的良田，称为澎窿上洞和澎窿下洞。这里有甘泉两处，常年不涸，四季清冽，名青龙泉和黄龙泉。村民世世代代靠这两眼泉水饮食灌溉，人丁兴旺，五谷丰登。因为白沙堡一带四面皆山，泉水的来龙去脉不大清楚，只知道下水处经岩穴流入地下河，流入山后的旧县河。据村中老翁谈及，清朝同治戊辰（1868）年3月17日水涨一次，为时四日。民国29（1940）年6月

泉水暴涨

17日，水又暴涨。当天，天气晴朗，水突然由岩穴涌出来，顷刻之间，水涨到三尺深，没到三天，村落田间，一片汪洋。但旧县河之水，仍和以往一样，并无涨水之迹象。当时，正值早稻成熟季节，发水之初，村中年长有经验者，知洪水不会在短期内消退，急令村民抢割稻子。此事曾轰动一时，各地闻讯来观洪水者，络绎不绝。

一日尽观"沧海桑田"

白沙堡无河无溪，居然涨出这等泱泱大水，目睹者无不称奇。更奇的是，1940年这次涨水并非如1868年和1900年那两次，少则数日，多则半月即消退，而是维持了260天的洪水期。1940年春天，春雨连绵，

洪水继续上涨，竟然淹没了不少村舍。百姓无不忧心忡忡，望水兴叹，3月21日上午10时许，有村民偶至村头水边，见水动异样，自村道下井口去的石级，顷刻间寸寸露出，不到一日工夫，水消殆尽，田亩重现，此种景观令人称奇不已。

神奇的鸣沙山

　　距离中国甘肃省敦煌市城南6米，有座高数十米，东西长约数千米，南北宽约20千米的鸣沙山。从鸣沙山上往下看，沙丘星罗棋布，一个接着一个。如果人们从山顶向下滑去，沙子就会发出阵阵声响。据史书记载，天气晴朗的时候，鸣沙山会发出丝竹弦乐的声音，好像在演奏音乐一样。

鸣沙山

　　中国还有一处鸣沙山，位于宁夏回族自治区中卫县的沙坡头黄河岸边。中国著名的科学家竺可桢在《沙漠里的奇观》这篇文章中描述过它："沙高约100米，沙坡面南坐北，中呈凹形，有很多泉水涌出，这块沙地向来是人们崇拜的对象。据说，每逢农历端午节，男男女女便会在山上聚会，然后纷纷顺着坡翻滚下来。这时候沙便发出轰隆的巨响，像打雷一样。两年前我和五六个同志曾经到这鸣沙山顶上慢慢滚下来，果然听到隆隆之声，好像远处汽车行走似的。"

　　中国的第三处鸣沙地，是库布尔漠罕合川两岸的响沙湾。它地处内蒙古自治区达拉特旗南 25 千米的地方，又叫银肯响沙。这处沙山有 60 米高，100 米宽。人们只要一走进响沙湾，就会听到各种声音，有的如泣如诉；有的又好像丁当作响的银铃，如醉如狂，好像整个沙漠都在歌唱；有时声响好像飞机掠过天空发出的

响沙湾

轰鸣声；有时又好像航行在大海上的轮船拉响的汽笛声。

到底是什么原因使得沙子发出各种各样的声响呢？科学家经过认真仔细地研究和试验，可仍然看法不一。有的人认为，沙粒间的空隙有空气，空气在运动的时候，就构成了一个个"音箱"。当沙丘崩塌以后，空气在这些空隙间运动，就会引起空气的振动。当空气振动的频率恰好与这个无形的"音箱"产生共鸣的时候，就会发出声响。

"魔鬼谷"

"魔鬼谷"的美丽和平静是虚伪的，在这沼泽淤积的深渊中，充满着熊的骨骸、猎人的工具和淘金者的尸体。蒙古族、哈萨克族、维吾尔族的牧民曾到此放牧，但由于惧怕"魔鬼"的凶残，牧民们后来对此地讳莫如深，他们宁愿让羊群在戈壁沙滩上饿死，也不敢到那里去放牧。那么，这个"魔鬼"到底是什么，竟然让这里几十年渺无人烟呢？

恐怖的美丽

青藏高原北部的昆仑山区，有一条名不见经传的内流河——那梭格

勒河。那梭格勒河流域风景如画，草肥水美，是一个富饶的地方。河流南面有高耸入云的昆仑山主脊，北面有祁曼塔格山阻挡着柴达木盆地夏季干燥而炎热的空气，两山夹峙，雨量充沛，气候湿润，再加上叶脉状大小支流中的冰川融雪，灌溉着这片古老的谷地，因此，这儿牧草丛生，远远望去，好似锦绣的绿色绒毡。入春，冰雪消融，遍地青草沼泽，染绿了座座大山、条条山谷；夏天，山花烂漫，蜂飞蝶舞，万物欣欣向荣；秋天，银芒飘拂的金色草原上徜徉着成群结队的野牦牛、野驴、藏羚、原羚和黄羊。

然而此处却充满了凶险，这里的确是一个包裹在美丽平静中的恐怖地带。

魔鬼的影子

7月底的一天，骄阳似火，蓝天如洗，飞禽高翔，"魔鬼谷"更加娇柔妩媚。可刹那间，乌云翻滚，雷鸣电闪，冰雹雪霰齐下，狂风夹杂着飞沙走石，搅着周天寒彻，大有魔鬼降临之势。雷暴过后，"魔鬼谷"又恢复了平日的美丽和平静，但山坡上却留下了许多不幸的马和野牦牛的尸体，尸体附近有一片片枯草和焦土。

魔鬼何在

经过科学工作者的多方面研究和考察，总算弄清了"魔鬼"的真面目。这个凶残的"魔鬼"原来是雷电。这美丽的山谷竟是一个雷击区。为什么雷击多集中在这"魔鬼谷"？

经过长期全面的勘察，专家发现此山谷处于高磁异常带上，共由17个异常区组成，其特点是规模大，梯度差明显，一般长10千米以上，宽1~2千米，排满了整个山谷，那梭格勒河的两岸，地表被黄土、砂砾、泥沼掩盖，野外人员在磁场上工作时指南针失灵，迷失方向，潜伏着很大的危险。经考察队员进一步证实，产生高磁异常的原因除大面积三叠纪火山喷发的强磁性玄武岩外，还有大大小小30多个铁矿脉及石英长岩体，在电磁效应作用下，闪电频发。

响石和响山

在中国广西靖西县，有个叫牛鸣坳的山坳，横卧着两块巨大的岩石。左边三角形巨岩，远看就像一头大灰牛卧在那里。巨岩表面光滑，只要游人向洞内吹气，就会发出一阵阵雄浑的"哞哞哞"的牛叫声，吹气越大，声越响，顿时群山共鸣，势如群牛呼应。牛鸣石是浅灰色的石灰岩，多年来被雨水侵蚀形成了一个个孔洞。蚂蚁、蛇、鼠和鸟类穿行其中，他们就像建筑工人一样，一点一点地把毛糙的洞壁打磨光滑了。人往一个洞口吹气，互相联通的孔洞受空气摩擦，产生铜管乐器的效应，发出动听的牛鸣声。

中国河北青龙县老岭山东面还有一段响山，海拔约 1 千米，势如黄钟覆地。岩隙鳞穴格外发达，而且又处于大山的怀抱之中。成合围之势，所以劲风一吹，擦壁如琴，入穴如笛，搏柱如钟，穿鳞如弦。于是百乐和鸣，时而高山流水，如泣如诉；时而黄钟大吕，抑扬洪亮。人们不得不佩服大自然管弦乐队的精彩表演。

会跑的山

山居然会跑，并且是一口气跑了 1.6 千米，这可真是闻所未闻呀！但在中国甘肃省东乡族自治县境内，真有这么一座会跑的山。1983 年 3 月 7 日晚 11 时 40 分，这座山的山体突然向南移动了 1.6 千米。不到 3 分钟时间，就吞没了附近 3 个村庄，这座山跑的速度之快，实属世间罕见。

由于各种条件限制，人们至今仍对此没有定论。最近经科学研究发现：地球的大陆表面看起来非常平静，实际上却像潮水涨落一样每天都在不停地起伏运动着，起伏的高低之差竟达 0.6 米。这一发现，引起了地球物理科研人员的关注。最近获悉，这种起伏产生的摩擦会使地球的自转速度减慢，以每年减慢 1/10 秒估算，1 亿年后，数字会相当可观。同时这一发现还可能推动人们对地壳、地球内部的构造以及触发地震的原因等理论进行探索，从而找到有效的防震措施。

珠穆朗玛长高之谜

1994 的测量数据显示，珠穆朗玛峰的高度为 8846.27 米，同时，它仍以每年 3.7 厘米的速度增高。它在第四纪的 300 万年间上升了约 3 千米，平均 1 万年上升 10 米；而最近 1 万年，它却上升了 370 米，即 1 年上升 3.7 厘米。虽不易察觉，但目前它仍以缓慢速度上升着。那么，珠穆朗玛峰将会无限制地不断升高吗？如果是这样的话，它会有最高限度吗？如果不是，它又何时停止这种"增高活动"呢？这些都是科学家们一直在探讨的问题。

有的科学家认为，珠穆朗玛峰的增高是脆弱的，随着层层加码，下面的岩石承受的压力逐渐变大，这必然存在一个极限，一旦达到这一极限，底下的岩石将会"粉身碎骨"，而整座山也将土崩瓦解，从而毁于一旦。那么，这一极限的终点在哪里呢？从微观角度来看，岩石都是由岩石分子构成的，无数的岩石分子以一定的结构相互排列，它们之所以能够彼此合作，构成坚硬的岩石，是因为它们之间存在着电磁力，就像人们在叠罗汉时用自身的体力来支撑上面的重量一样。这里，电磁力和体力起着相同的作用，如果底下人的体力不足以支撑上面的重量，那他底下的人就会站立不稳，最终支持不住。同样的道理，当山的山峰重量大

珠穆朗玛峰

于岩石分子之间的电磁力时，也会造成叠不成罗汉的"悲剧"——底下的岩石将遭到破坏，高山就会摇摇欲坠，岌岌可危，造成山崩地裂的后果。由此可见，山越高，它自身的重量就越大，破坏岩石分子之间电磁力的能量也越强。

石钟乳开花之谜

植物开花，是一件很平常的事，但在中国广东、北京等地区的溶洞中却发现石钟乳也会开花，这令人百思不解。

白云洞位于中国华北平原与太行山山区交界的崤山地区，面积约4000平方米，最大的洞厅面积为2170平方米。该洞的独特之处在于洞内溶岩造型丰富、密集而又富于变化。洞内的线性石管广布，形态绮丽的牛肺状彩色石幔、石帘多有分布，晶莹如珠的石葡萄、石珍珠等也比较常见，这些在国内已属罕见，更奇特的还有"节外生枝"景观。"节

美丽的石钟乳

外生枝"是一个网状卷曲石，它与普通的石钟乳不同，不是垂直向下，而是凌空拐了一个直角，向旁边生长开去，并且拐弯一段的前端比后端粗壮。这种造型是怎么生成的，至今仍未可知。

中国广东云浮蟠龙洞全长 500 米，洞分 3 层，拥有洞穴世界中的稀世珍品——宝石花。长在蟠龙洞中的宝石花不像常见的滴聚而成的石钟乳那样上下垂直，而是横向斜生，甚至违反重力作用而向上节节生长。曾有人不小心把一个石花碰断，这一偶然事件，却展示了蟠龙洞宝石花的另一个秘密——一年后，人们发现折断的宝石花又长出了几厘米，而众所周知，一般的石钟乳、石笋几十年也长不了这么长。

香格里拉探秘

根据推测，香格里拉在喜马拉雅群山之中。但迄今为止，人们仍无

法确认这座山系共有几座山峰,目前所知道的 8 千米以上的山峰有 14 座,7 千米以上的山峰有好几百座。在喜马拉雅山的山脚下,散居的人们住在小而宁静的石屋里,过着与世隔绝的生活,虔诚地守护着自己的文明。此处的居民分属不同的国家和种族,然而却有着共同的生活方式。在这偏僻的、远离文明和喧嚣的地方,他们常常在没有任何运输工具的情况下,背负 50 多千克重的物品步行几十千米。平常的日子要忍受物资缺乏和疾病侵袭,甚至地震、洪水和山崩等自然灾害。但是有喜马拉雅山的绮丽风光,没有人会厌倦的!随着登山风气的逐渐盛行,喜马拉雅山区已渐为大众所知。但是,这里居民的隐士生活仍丝毫未变。数十户石造小屋集成一个村落,每家户外都种满了高茎圣诞红,老人在门边劈竹编篮,孩童裸身在小河里玩耍,而健硕的壮年人就荷着锄头到梯田里去干活,农闲时大伙儿便坐在小庙前的广场上闲话家常。也有人说香格里拉在中国西藏,而前往香格里拉圣地的入口,就在布达拉宫的神殿之下。这种传说有一定道理,因为布达拉宫本身就是喇嘛教的圣地,其选址和设计必然独具匠心,而且布达拉宫结构复杂,地道、暗门众多,如同迷宫一般。但迄今为止人们仍没有找到通往香格里拉的真正入口,也没有找到确实可靠的有关入口的记载。

20 世纪 90 年代,一个石破天惊的消息轰动了海内外:詹姆斯·希尔顿笔下所描绘的香格里拉原型就在中国云南迪庆。梅里雪山的最高点卡瓦格博与最低点处于终年积雪的雪山、江水奔腾的峡谷和大片的原始森林之中,天空碧蓝、泉水清澈。梅里雪山有葱郁茂密的森林,落差达 4800 米,森林海拔 4300 米。森林蕴藏的物种繁多。森林之上是高山草甸和冰渍石滩,再往上是冰川,梅里

香格里拉风光

雪山的明永冰川，可以一览无遗。冬季冰川白茫茫一片，冰舌下延到森林中，最终端海拔 2600 米。白色的冰舌在碧绿的林海中徜徉，宛如龙腾大海，而雪崩惊天动地地怒吼，更增添了冰川矫若游龙的气势。山脚下终日奔腾不息的江水在呼啸奔涌，惊涛拍岸。每年朝拜梅里雪山的香客络绎不绝，他们大多来自青藏高原的昌都、玉树及康巴地区。此处特殊的景观和气势是吸引崇拜自然力的藏民朝圣的主要原因之一，而吸引藏民远来朝拜的神山的地位又是那样不可动摇。

鄱阳湖的"魔鬼三角"

在中国最大的淡水湖——鄱阳湖北部，有一处令当地渔民闻风色变的神秘三角地带，这便是被称为"魔鬼三角区"的老爷庙水域。老爷庙水域位于鄱阳湖区的江西省都昌县，南起松门山，北至星子县城，全长 24 千米。在湖东岸上有一座破旧的庙宇，称为"老爷庙"。这片水域由此得名。

上世纪 60 年代初，一条渔船从松门山出发北去老爷庙，刚出发不久便消失在岸边送行的老百姓的目光中，突然沉入湖底，十多条人命被吞噬。

1985 年 3 月 15 日，一艘载重 25 吨的中型货轮凌晨六时半在老爷庙以南 3 公里处沉没。

同年 8 月 3 日，江西进贤县航运公司的两艘载重 20 吨的船只，也在老爷庙处先后莫名地沉没了。同一天中，在此处遭此厄运的还有另外 12 条船只。

同年 9 月，一艘来自安徽省的运载竹木的机动船在老爷庙以北附近突然笛熄船沉，岸上行人目睹船手们抱着竹木狂呼救命，一个个逃到岸上后吓得魂不附体。转身望去，湖面上浊浪翻滚。

鄱阳湖

1985 年，在此沉没的船舶有二十多条。1988 年，据都昌县航监站负责人透露，又有十余条船只在这一片水域沉没。老爷庙溯源显而易见，老爷庙沉船决非偶然。

很难说老爷庙建立的确切年代，传说，元末年间，朱元璋与陈友谅在鄱阳湖展开决战。一次，朱元璋遭受困顿逃亡，遇上一老神仙，老神仙便派遣一只乌龟将朱元璋救至老爷庙处。朱元璋从此时来运转，后来终于打败了陈友谅，当上了皇帝。当地的老百姓为了感谢那只救人命的神龟，便在湖岸边的高地上建起了一座庙宇，称"老爷庙"。

从此，渔民们每当船行至此处，便要屠杀公鸡或烧香佛，以希望神龟保佑他们平安。然而烧香磕头、宰杀公鸡等并未改变渔民们的悲惨命运，沉船仍时有发生，而且日趋频繁，老爷庙水域对渔民来说简直就是"鬼门关"。

迷信自然不可信。那么，在这波浪咆哮的水域下面到底隐藏着什么？至今仍是一个迷。

"龙三角"阴影

在中国台湾省东北部的太平洋上，有一个与百慕大"魔鬼三角"齐名的三角海区，这就是东亚"龙三角"。

日本人把这片海域视为"魔鬼海区"是从 1955 年开始的。当时，在风平浪静的晴日里，该海区发生了数起百吨以上的大型船只不留痕迹的神秘失踪事件。为此，日本政府派出一艘渔业监视船"锡比约丸"号前往调查。岂料，此船在进行了 10 天毫无结果的海上搜寻后，也突然同陆上导航站失去了联系，此后就不知去向了。

如同百慕大"魔鬼三角"那样，船只和飞机进入"龙三角"水域时，经常会出现罗盘失灵、无线电通讯出现故障或中断等现象，也会碰上突然出现的巨浪、海雾、狂风和旋涡。从海底地貌等自然条件来看，"龙三角"同"魔鬼三角"这两处海区类似。

海上巨浪

1957 年 4 月 19 日，日本轮船"吉川丸"沿"龙三角"航线由南太平洋驶向归国途中，船长和水手们突然清楚地看到两个闪着银光、没有机翼、直径 10 多米长、呈圆盘形的金属飞行物从天而降，一下子钻入了离轮船不远的水中，随后海面上掀起了奔腾的巨浪。

1981 年 4 月，"多喜丸"号航行在日本东海岸外海。忽然间，一个闪出蓝光的圆盘状物体从海中冒出来，掀起一阵大浪，差点把"多喜丸"号打翻。它在空中盘旋着，速度极快，无法看清它的外表细节，直径约在 200 米左右。在它出现时，船上无线电失灵，仪表的指针也乱成一团，疯狂地快速旋转。后来，它重新飞回海中，造成的大浪把"多喜丸"的外壳打坏了。船长计算了一下时间，来自海中的发光飞行物从出现至隐没约有 7 分钟。之后，船长发现船上的时钟奇异地慢了 15 分钟。

更令人不安的是带有核武器的潜艇和飞机也在这一水域失踪了。美国著名学者查·伯尔兹指出："截至目前为止，有数枚核弹头在'龙三角'神秘失踪。"伯尔兹甚至由此联想到，是不是"龙三角"海底有一股神秘力量在把这些核武器收集起来呢？海底是否隐藏着某种文明呢？但猜想终归是猜想，真正的谜底人们还无从知晓。

南海魔鬼三角

中国南海魔鬼三角

在中国南海有一片神秘莫测、令世人恐惧的海域，它西起香港，东至台湾，南至菲律宾吕宋岛。从 1979 年开始，这里就不断出现航船失踪事件，并且令人百思不解的是：失踪的船只并未留下任何碎片、油渍或人类尸体。

1979 年 5 月中旬的一天，菲律宾货轮"海松"号正开足马力，由中国南海向马尼拉方向驶去。突然，马尼拉南港海岸防卫队的无线电接收机收到一个紧急呼救信号——"海松"号在台湾以南、吕宋岛以北海域遇难。还来不及报告遇难原因和当时的情况，信号很快就消失了。搜寻小组火速赶往出事海域，多方搜寻后发现：不但 25 名船员踪迹全无，就连上千吨重的货轮也没有留下半点残迹。

7 个月后，在同一海域，由菲律宾马尼拉驶往台湾的"安吉陵明号"货轮又失踪了。

而次年 2 月，也是同一地点，灾难又一次发生了。菲律宾东方航运公司的一艘货轮在行驶到香港与马尼拉之间时，东方航运公司马尼拉办事处的通讯控制室里突然接到发来的求救信号。但求救信号还来不及发完，与遇险船只的联络便急促中断了。搜寻和救援的飞机来到失事地点也未找到任何残迹，30 名菲律宾船员也踪迹全无。

探究失事原因

不到 10 个月的时间，三艘货轮在同一海域神秘失踪，这引起了人们极大的恐慌。人们惊奇地发现，这片海域恰好与举世闻名的大西洋百慕大魔鬼三角区的位置遥遥相对，因此，人们把这一海域叫做中国南海魔鬼三角区。

中国南海魔鬼三角区与百慕大魔鬼三角区有许多相似之处：首先，它们都是世界上最危险的海域，至今已有大量的船只和飞机在这两个海域神秘失踪，而且都没有留下任何痕迹，因此无法确定失踪的原因；其次，这两个海域都呈三角形，而这两个海域都位于大陆的东方，海底地形复杂，洋流强劲，经常出现巨浪、海啸、旋涡、台风等恶劣海况；最后，这两个海域都是"无偏差线"通过的地方，"无偏差线"是看不到的，而且经常移动，直接影响到了地球磁场。

比较上面发生的三次失事事件，人们发现它们竟有惊人的相似之处：首先是事出突然。失踪船只都是在刚发出求救信号后，无线电联络就立即中断，这说明灾难是在没有任何预兆的情况下突然降临的，遇难过程短暂，或通讯设备在瞬间遭到干扰破坏；其次是船员全部失踪。每艘船上都有许多船员，可事后救援人员虽多方搜寻，别说是幸存，甚至连尸体也没有见到。虽然有被鲨鱼吞吃的可能，但不留一点残骸是不太可能的；再次是船只踪影全无。在出事地点均未发现船只留下的任何遗物，比如救生筏、碎片或油渍等，海面平静得就像什么事也没发生过一样。那么，这些船只失踪案的罪魁祸首是谁呢？

奇异的现象

　　自然界中有许多奇异的现象，有一些洞穴能准确地预测天气情况。中国湖南辰溪县境内的沅水边上，有一个深藏于水下的奇特洞穴，叫波罗洞。每逢久晴转雨或久雨转晴的前夕，洞边的水里便翻出大水泡，并发出"噗噗"的响声。距此洞1千米的沅水上游，有一个类似的洞，其响声没有波罗洞大，人们称这两个洞为气象洞。

　　广西富川县石脚寨山上的岩洞里有一个扇形水潭，该潭长10米，宽8米，潭水浅处过膝，最深处有3米多。晴天潭水清澈明净，即将下雨时水面则泛起一层金黄色，当你用手碰触水面时，那颜色就不见了，水波裂开处依然清澈见底。

　　湖南洞口县竹市镇荷池村，有一口深2米的石井，也能预测天气。几百年来井水一直清亮透明，供人饮用，自1979年起，每逢下大雨前两天，井水便会变成棕红色，有涩味。这种状况每次持续3至5个小时，然后自动恢复清亮。

　　广西灵川县海洋乡苏家村有一眼奇特的泉：天气晴朗时，泉水清澈透明；而当泉眼里涌出一股乳白色"米汤水"时，3天内肯定会下雨。并且人们根据从泉眼里涌出的浑水的多少，便可以了解这场雨有多大。当泉水开始变清后，天气也随之转晴。

奇妙的神农架

　　神农架是一个神奇的地方，关于它的传说非常多。在人们眼中，神农架成了神秘的代名词。

深潭水怪

1986 年，当地农民在神农架深水潭中发现了三只巨型水怪。它们的表皮呈灰白色，长相与蟾蜍相近，体积却是蟾蜍的几十倍。这种怪兽有两只圆眼睛，嘴巴极大，发达的前肢上有 5 个又粗又长的脚趾，趾与趾之间有蹼连接，在趾尖还隐藏着锋利的爪。它们通常上半身露出水面，下半身浸在水中，所以，人们至今也不知它的下半身是什么样，有没有尾巴。这种水怪可能是两栖类动物。

神农架演变史

这种水怪到底是什么东西？就连动物学家都不敢断言。有的专家指出，7 亿年前，神农架地层开始从海洋中崛起，几经沉浮，最后形成今天的样子。所以，我们有理由相信古生物的后代有条件在这里存活。如果真是这样的话，那么，它是哪一种古生物的后裔呢？

白色怪物群

在通往板壁岩的公路旁，是白色动物的出没之地。这个叫阴峪河的地方，很少有阳光透射进来，适宜白金丝猴、白熊、白蛇、白龟、白乌鸦、白猫头鹰等动物栖息。据说，白色动物只可能生活在北极，这么多动物在神农架返祖自变，仅仅用气候的原因是解释不了的，因而神农架动物的白化现象成了科学上的未解之谜。白蛇的传说更引起了人们的兴趣，人们竟相从各地赶来一睹为快。

冷热洞之谜

神农架地区有一个奇怪的的山洞。这个山洞大得出奇，并且拥有魔力。

冷热洞里边到处是奇形怪状的石笋、石柱、石鼓和石帘，人们要是走进去一看，以为是走进了仙境。在大自然中有这样的山洞并不奇怪，

美丽的神农架

而令人奇怪的是在洞口有一条非常明显的冷热分界线。站在冷的一边，人们感到冷风飕飕，寒气逼人；站在另一边，马上就有春风拂面的感觉。左右两边相隔不过一条线，但温度却相差 10℃以上。人们戏称此洞为"冷热洞"。

为什么这个冷热洞里会有这么大的温差呢？有人认为，洞中温度低是正常的，而温度高的一边可能是由于它的下面有温泉，使上面的土地受热散发热量。但是根据渗透原理，温度较低的地方长年累月的挨着温度较高的地方，不可能有一条明显的分界线。还有人对洞口的结构产生了兴趣，他们认为由于洞口的构造奇特，才产生了如此奇景。但究竟如何，人们对此莫衷一是。

发光的土蛋

神农架地区的戴家山，每逢 2 月和 8 月晴天的中午，这里的一块土地就会发光。光线的长度可达 200 米，光线十分强烈，每次出现两三分钟，然后自然消失。

当地的农民曾在光线出现的地方下挖泥土以探寻地里隐藏的秘密，在离地面 1 米左右的地方发现了一堆土蛋。光线是从这里发出来的吗？这堆土蛋里难道隐藏着什么秘密？人们抱着这种想法砸开了一个土蛋，结果却大失所望，里面只是一堆土而已。土既不会发光，也不会反光，这是众所周知的事情。有人猜测这些土蛋不是地球上的产物，或许它里面含有人类所不知道的元素。让人感到困惑的是这些土蛋是如何来到地球上的，又是如何钻入地下的？这些问题没有人能回答。

就在人们打算放弃对土蛋的研究时，那个 1 米多深的土坑，在第二天被神秘地填平了。当人们在同一位置再一次向下挖时，土蛋竟不见了。这些土蛋究竟是些什么？

水的异常现象

1998 年 7 月 7 日下午 2 点多，在山西应县水库出现了奇异的现象。位于水库东北方龙首山的小山岗上停留着一块黑云，而周围却晴空万里。渐渐地，这块黑云往西北方向移动，到达水库的正上方。

这时从东北方水面飘来一片白雾，停在水面中央，渐渐扩大成一个盆状圆圈，并且有低频的"呜呜"声从水下传来。突然一根水柱从中央呈螺旋状升起。据目击者描述，水柱的直径至少有一公尺。过了一段时间，水柱与上方的黑云连接在一起，时而断开时而相连，五分钟后断开，强烈摇摆着钻入黑云中消失。目击者均对这一奇观惊奇不已。科学家也解释不出原因。当地居民称之为"龙吸水"。

芜湖县志也记载过一次"水失踪"的事件，明朝嘉靖 26 年 7 月，有黑龙现于长江中石滩，由于它的出现，河水暴涨达五六米，但随之又干涸见底，附近所有的水都不知去向。

1854 年 12 月 24 日，也就是咸丰四年十一月五日，中国长江流域发生了历史上范围最广的一次水啸，遍及湖北、安徽、江西、江苏、上海、浙江六省市。

当时并没有地震的报告，也没有强风，是什么引起了这次水啸，无人知晓。这次神秘事件在各地的县志中都有记载：荆州府志记载道："咸丰四年十一月初五，松滋无风，各处陂塘水忽然荡起，左起则右缩，右起则左缩，低昂六七尺许，掀起逾时始定。"

发生在水面上的龙卷风也叫龙吸水

对于以上这些违反自然物理现象的奇观，究竟为什么会发生，至今仍是一个未解之迷。

黑竹沟之谜

黑竹沟森林幽深，遍布奇花异草，让人神往而又令人惶恐。黑竹沟深处似乎隐藏着巨大的秘密。传说在沟前有一个叫关门石的峡口，一声人语或犬吠，都会惊动山神鬼怪吐出阵阵毒雾，把闯进峡谷的人畜卷走。这个传说给黑竹沟蒙上了一层阴影。

失踪案件

1950 年年初，国民党胡宗南部队的半个连，仗着武器精良，准备穿越黑竹沟逃窜。可谁知进入沟中之后，一个人也没出来。是被巨蛇吞吃了，还是被其他东西夺去了生命，无人知晓。

黑竹沟森林

1955 年 6 月，中国人民解放军测绘兵某部的两名战士，取道黑竹沟运粮，结果也神秘地失踪了。这些人均下落不明。

1977 年 7 月，中国四川省林业厅森林勘探设计一个大队来到黑竹沟勘测，宿营于关门石附近。身强力壮的两名技术员主动承担了闯关门石的任务。第二天，他俩背起测绘包，每人仅带了两个馒头便朝关门石内走去。可是到了深夜，依然不见他俩回归的踪影。第二天开始，组成了寻找失踪者的队伍。川南林业局与邻近县组成的百余人的搜寻队也赶来了。他们踏遍青山，找遍幽谷均未发现他们的踪影。

不明浓雾

9 年后，川南林业局和邻近县再次组成调查队进入黑竹沟。因有前车之鉴，调查队做了充分的准备，除必需品之外还装备了武器和通信联络设备。由于森林面积大，调查队入沟后仍然只能分组定点作业。副队长带领的小组一行 7 人，一直推进到关门石前约 2 千米处。这次，他们请来了两名当地人来做向导。当关门石出现在眼前时，两位猎手不愿再往前走。大家好说歹说，队员郭盛富自告奋勇打头阵，他俩才勉强继续前行。及至峡口，他俩便死活不肯再跨前一步。副队长不忍心再勉强他们。经过耐心细致的说服，副队长好不容易才与他们达成了一个折衷的协议：将他俩带来的两只猎犬放进沟去试探。第一只猎犬灵活得像猴子一样，一纵身就消失在峡谷深处。可半小时过去了，猎犬仍不见归来。第二只黑毛犬前往寻找伙伴，结果也像前一只一样下落不明。两位向导急忙大声呼唤他们的爱犬。顿时，遮天蔽日的茫茫大雾不知从何处涌出，9个人尽管近在咫尺，彼此却无法看见。惊慌和恐惧使他们冷汗淋漓，大气不敢出。一会儿，浓雾又奇迹般消退了，眼前依然古木参天，箭竹婆娑。队员们如同做了场噩梦。黑竹沟从此无人敢入……

冬暖夏凉的地带

地球的自转与公转，与太阳距离的远近不同，这些都影响了地球上接收的太阳光热，因此形成了地球的一年四季、春夏秋冬。而某些奇特的土地却打破了这一自然规律，出现了超自然的现象，它的冷热不随外在条件变化而变化，而有其自身的变化规律。

在辽宁省东部区桓仁县境内，有一处被人们啧啧称奇的"地温异常带"，整个"地温异常带"长约15公里，面积为10.6万平方米。

冬暖夏凉的现象

在这块神奇的土地上，随着夏天的到来，地下温度便逐渐开始降低。当地表高达30度以上时，在这里地下1米深处，温度竟达到了零下12度。特别是当地农民任洪福家房后的一道长约1千米、宽约20米的小山岗，则更为明显。1995年的夏天，任洪福的父亲任万顺，在堆砌房北头的护坡时，发现扒开表土的岩石后，有寒气冒出。老汉十分惊讶，于是在这里用石块垒成了长宽不足2尺、深达2尺半的小洞。这个小洞就变成了一个天然的冰箱，散发出阵阵寒气，只要有人站在距洞口6～7米远，就会被这寒气冻得难以忍受；他们将鸡蛋放在洞口，鸡蛋被冻得破了皮；将一杯糖水放入洞内，转眼间就被冻成了冰块。

入秋后，这里的气温开始逐渐上升，到了朔风凛冽的隆冬时节，这"地温异常带"上是一番热气腾腾的景象，这时在地下1米深的地方，温度可达零上 17 度，任洪福家的"天然大冰箱"这时又变成了"保温箱"。虽然大地已经封冻，但在这片土地上，却是绿草茵茵。任家在这里平整了一小块地，上面盖上塑料棚，在这棚里种上大葱、大蒜，大葱长得翠绿，蒜苗已割了两茬。经测定这棚内气温可保持在 17 度左右，地温保持15 度。任洪福老汉充分利用了这一条件，在这道土岗的护坡前盖了一间房子，利用洞口的冷气制成了小冷库。为乡亲和沙尖子镇饭店、医院、酒厂、兽医站等单位储存鱼、肉、疫苗等物品，冷冻效果十分理想。

宝岛形成之谜

一条浅浅的海峡分隔了祖国大陆与宝岛台湾。在遥远的地质年代，它是否和大陆处于一体的状态？这个问题到现在还没有确定，但学术界对三种不同的说法都给予了肯定，而且都有自己的道理。

一种看法是，台湾与大陆属于同一地层结构，在距今一百万年前后，它本是大陆的一部分，同大陆连接在一起，那时宝岛可能是大陆的一个半岛。后来因地层变动，局部陆地下沉，形成了台湾海峡，使台湾成了海岛。持这种看法的人还指出，直到 5400 年前，澎湖列岛南部同福建陆地之间，还有一条经过台湾礁的陆地联系着，而澎湖与台湾的陆地联系则一直维持到距今 6200 年前。

有人还从台湾的史前文化角度来证明。人们在台东长滨乡八仙洞发现了旧石器时代的文化遗址，那里出土石制品 6000 余件，都与祖国大陆（特别是南部地区）出土的同时代的石制品，无论在制作技术上或基本类型上，都非常相似。有人发现，从高雄县凤鼻头一带发掘出的史前时期的彩陶和黑陶，与大陆出土的新石器时代的彩陶和黑陶非常相似，在台北县淡水镇八里乡八盆坎地方发掘的青铜制成的两翼式箭头，经切片化验，发现它的冶铸方法是大陆殷商时代通用的。

另外，人们在淡水河流域出土的赤褐的粗砂陶器与福建金门县出土的黑色和红色的陶器在刻纹等方面很相近，可能属于同一类型。有人在台湾西部发现许多大型哺乳类——象、犀牛、野牛、野鹿、剑齿虎等的化石，人在说在距今一百万年左右有大批动物，从大陆其他地方移到原属大陆的台湾。也有人在考察野生植物后指出，台地野生植物和大陆上的野生植物相比，多是大同小异的，大多相同相近或近缘。据统计，在台湾达 3800 百多种的动物，有 1000 种与大陆完全相同。

台湾岛卫星图

另一种看法认为，台湾是东亚岛弧中的一个环节，它的形成与东亚岛弧的形成、发展，有着密切的关系。所谓东亚岛弧即指东亚大陆架与太平洋西部海沟之间的岛弧，包括千岛群岛、日本群岛、琉球群岛、台湾及其附近小岛、菲律宾群岛等。东亚岛弧的形成，以东亚褶皱山系为标志。东亚褶皱山系的出现是由于：地壳运动中，东亚大陆架一方面受到来自大陆方向的强大挤压力，另一方面又受到巨大而坚硬的太平洋地块的阻抗，于是在它前沿形成了一系列按东北——西南方向排列的山脉，那就是东亚褶皱山系，当它露出海面时，便构成了东亚岛弧。单就台湾讲，由于地壳运动，产生褶皱、隆降从而奠定台湾地质的基础。

多彩的沙子

沙漠并不完全是黄色的，也有多种颜色。不同的沙漠有不同的色彩，例如，在文比湖南岸的沙丘与沙丘之间，粗粝黝黑的沙子，仿佛在沙漠中铺出了一条宽广的高速公路；而乌伦古湖岸的沙丘，犹如食盐堆积而成，白花花耀人眼目；而接近将军戈壁的沙丘，则在灰棕之中，透出了红壤的土色……加上不同地区、不同季节生长和开花的各种植物，更给沙漠披上了彩色的外衣。

多彩的沙漠

多彩沙漠的例子不胜枚举：中亚的卡拉库姆沙漠（黑沙漠）矿物成分复杂，达40多种，多种矿物的混杂，使它色彩很深，故有"卡拉"（黑色）之称；而中亚的克孜尔库姆沙漠（红沙漠）是以崩裂的岩屑和沉积红壤的残余物质为主，也就姓了"克孜尔"（红色）；新疆准噶尔东部的阿克库姆沙漠则因沙子颗粒细、色彩淡、多石英而呈"阿克"（白色）。

多彩沙粒之谜

构成沙漠基本色调的还是沙子本身的颜色。而沙子的颜色除了以灰棕色为主外，赤橙黄绿青蓝紫，各种颜色的颗粒应有尽有。太阳的光芒照射在含有云母颗粒的沙地上时，会反射出漂亮的色彩。

沙漠里的沙，有两个来源，一个是河流、湖泊的冲积、沉积物；另一个是当地基岩的风化物质。前者也主要是由山区的岩石风化、崩裂形成的。沙子组成的成分，90%以上是石英和长石，它们的比重小，被称为轻矿物。剩下的部分是重矿物，它的含量虽少，但种类很多。

沙子中的重矿物一般有十多种，多的可达40种以上。在我国的沙漠中，重矿物以角门石、绿帘石、金属矿物、石榴石等为主。不同矿物的颜色，赋予了沙子以特殊的色彩。例如，从绿帘石、石榴石、蓝晶石、金红石、黑云母、白云母等矿物的名字，就可以想象出它们的色彩。在塔克拉玛干沙漠，云母的含量几乎占到重矿物总量的五分之一，所以塔克拉玛干素有"闪光的沙漠"之称。

月牙泉之谜

　　月牙泉位于鸣沙山沙漠谷间的小盆地中,为沙山环抱,南北最宽处54米,东西长近300米,泉沿向南凹,向北凸,向东西两端逐渐变窄变尖,水面形状酷似一弯新月。弓背的北面距泉边10多米处,是高耸200多米、峰峦陡峭的沙山主峰。南面是一片距水面几米高的沙土台地。以前,台地上有寺院庙宇、殿堂道观百余所,楼阁亭台鳞次栉比,岸边沙枣树、榆树、杨树蔚然成林,景致壮观而幽雅,有些地方还种植庄稼,足见台地之广大。台地后面也是一座高大的沙山,与主峰遥遥相对。

月牙泉不枯之谜

　　月牙泉处于沙漠腹地却常盈不枯,恒久生存,由于泉底有逆断层储水构造,属典型的古河湾风蚀残留湖,处在风蚀凹地和新月形沙丘间,

美丽的月牙泉

因此也叫风成湖。以前鸣沙山中还有几个储水小湖，但都和古河道的大部分一起被流沙埋没，惟月牙泉这片残留河湾地势较高，河流渗漏的地下水汇集于此，又受到周围特殊地形地势的保护，才得以幸存。其水源来自乌沙山下含水层位置较高的地下潜流，一般不受外界气候环境的影响，水量稳定，而月牙泉处在古河道河湾残留形成的湖盆洼地中，离潜水较近，容易接受地下水的补给。所以，水面虽小，但底部水路畅通，涟漪荡漾。

月牙泉的守护者

敦煌西南风较多。刮西风时，由于泉附近比较潮湿且以前有植被，近处沙坡低缓起伏，而较远处又为高山所围，所以沙刮不起来，而远处的沙又吹不到泉边；起南风时，泉南有广阔的高台及树木、建筑阻隔，沙子很难落入水中，同时还把北面山脚流泻下来的沙吹卷到鸣沙山上，从而防止了北山脚的沙子涌向月牙泉。起北风时，主峰另一面的沙子飞速地沿月环形沙丘向山梁上滚动，沙子沿山梁上滚，速度迅急，动能很大，所以吹到山背的沙子速度极快，而靠月牙泉一边主峰坡度极陡，山脚距泉沿近而山高，所以沙子从山脊骤然飞起，凌空而过，飞越月牙泉，落到了对岸。风越大，沙子落下距泉越远，而山下因有主峰为屏，几乎无风。这就是"虽遇烈风而泉不为所掩"及"沙挟风而飞响，泉映月而无尘"的原因所在。大自然是月牙泉最好的守护者。

沙漠甘泉之谜

水是生命之源，在沙漠中水的价值更是非比寻常。那么，沙漠里的水藏在哪里呢？在沙漠中旅行的人有一个常识：吃剩的瓜皮，切不可乱扔任其很快晒干，而是要将内皮朝下用沙子埋起来，让水分多保存一段

沙漠之泉

时间，这样，这一块瓜皮也许就会救一条人命。在沙漠探险中，如果携带的矿泉水有富余时，那些探险经验丰富的人都知道，不要把它们带出沙漠，同样埋在沙漠中，并做出标记，让其他人能获取到生存的希望。

地下"宝藏"

沙漠中有多少水？这些水能用多久？这些问题，人们心里还是没有底。后来，经过国内一流专家的调查，结果显示，在22.5万平方千米的塔克拉玛干沙漠腹地，地下水储藏量在8万亿立方米以上，相当于8条长江的流量。如果将这些水全部抽上来，可以在这22.5万平方千米沙漠铺上36米厚的水层。这太令人兴奋了，也许，塔克拉玛干或许会因此而成为绿洲呢！

可利用的水资源

在塔拉玛干沙漠北面和东面，水的矿化度很高，每升含盐量可达到数十克甚至百克以上，现有的净化手段很难使它们淡化。这些地方，应该说是沙漠真正的缺水区。但这种"缺水"，不是没有水，而是没有可以利用的淡水。

在塔克拉玛干地区，也有淡水的存在，主要在沙漠中季节过水河床的两侧，由于有淡水的定期补给，使潜水被淡化，称为"冲淡型潜水"。但是，河水下渗的宽度是有限的，一般在 200～500 米之间，而在河流转弯处的凹岸，冲淡影响的宽度自然大一些，有时可达数公里。这些淡水聚集成纺锤状，在水文地质上称为"淡水透镜体"，但这种淡水透镜体厚度不会很大，一般小于 30 米。找到这些淡水透镜体，在沙漠的开发中意义十分重大。

新疆水文地质部门在塔中油田附近找到了一处淡水，引起了新闻媒体长篇累牍的报道。实际上，这处"淡水"是矿化度每升一克左右的微咸水，按现行饮用水标准衡量属于下限，但对油田来说已经是弥足珍贵的了。希望塔克拉玛干会发现更多的水资源。

"死亡之海"罗布泊

彭加木的罗布泊

1980 年，我国著名科学家彭加木赴罗布泊考察地质，不幸迷失于沙漠之中。事后，数万军民在飞机的引导下从敦煌、若羌和库尔勒三个方向进入罗布泊搜寻彭加木的下落，结果无功而返。又一位探险家余纯顺单身一人横穿罗布泊，壮志未酬，却魂断沙漠。古人的描述和今人的遭遇给罗布泊蒙上了一层神秘的面纱。罗布泊，到底隐藏着怎样的秘密？

罗布泊谜团

罗布泊位于新疆维吾尔自治区塔里木盆地东部，面积约 3000 平方千米，湖面海拔 768 米，是我国仅次于青海湖的第二大咸水湖。由于河流改道和常年干旱，湖面逐渐缩小，沿岸盐滩广布。该湖周围虽是荒漠地带，但却是古代通往西方的"丝绸之路"通道。

罗布泊的名称和它的位置一样多变。罗布泊在《史记·大宛传》中称盐泽，在《汉书·地理志》中称蒲昌海。魏晋以后称牢兰海、辅日海、缚

罗布泊的钾盐基地

纳破、洛普池、罗布池等，至清代称罗布淖尔，蒙语意为"汇入多水之湖"，近代以来始称"罗布泊"。

"死亡之海"

根据中国科学院新疆综合考察队地貌组对罗布泊进行实地调查资料和卫星照片分析，证明罗布泊不是什么游移湖或交替湖。从第四纪以来，罗布泊就始终没有离开过罗布泊洼地，只有在自己的势力范围内进行涨缩变化：至隋唐时期，由于高山冰雪补给的河水径流增大，进入罗布泊的水量也相应增多；到了元代，随着我国西北气候恶劣，塔里木河的水量变得更少，这时罗布泊的面积缩小到最小的程度。据有关资料介绍，在最干旱时期，罗布泊的水面很小，但罗布泊在漫长的历史演变中，始终是在湖盆内变动，湖水从未超出湖盆范围以外湖面。断块地理运动也促成了罗布泊的涨缩变化。

石头渗血之谜

石头渗血，千古奇闻。可大千世界确有这种石头。这种奇石令人称

奇不已，可人们又不知为何会发生这种事情。为此，人们众说纷纭

明太祖朱元璋称帝时定都南京。他在南京为新生的明王朝建造了第一座皇宫，位于南京市城东中山门内。在这里，最引人注目的是一块名曰"血迹石"的石头。在青灰色的石面上，夹杂一团团深褐色的斑纹，犹如血迹渗透到了石头中去。

传说，这块血迹石还保存有580年前方孝孺留下的血迹。

方孝孺与血迹石

方孝孺，浙江宁海人，世称正学先生。他不仅是封建社会里以愚忠著称的名臣，也是明初最有学问的大儒。

1402年，燕王朱棣率军攻破南京，建文帝亡，朱棣自立为帝，史称明成祖。明成祖想利用方孝孺的声望，笼络读书人，于是便命令他起草即位诏书。方孝孺坚决不从，且哭且骂道："死即死耳，诏不可草。"悲恸的哭声，响彻整个大殿。朱棣以"灭九族"相胁，方孝孺毫不示弱，说"十族何妨"。最后，方孝孺真的被灭了十族，其中包括他的许多朋友和门生，先后株连达870多人。民间相传，血迹石里的血迹就是方孝孺当年头撞阶石所留下的。

千人石之谜

奇异的虎丘

在苏州虎丘也有一块渗血的石头，叫"千人石"。千人石是虎丘著名的石景之一。自古以来，在苏州的民间传说着千人石的下面即是春秋时吴王的坟墓。吴王修好自己的坟墓后，怕工匠们泄露内情，使自己死后不得安宁，在造好坟墓后，便斩草除根，把所有的工

匠和知情人都捆绑起来，挨个儿砍死在千人石上。这样，千人石每到滂沱大雨之后，就会从岩石中渗出"血水"。人们说，那是工匠的血当年浸透了千人石之故。

怪异的地震

1976 年 7 月 28 日，大地震将唐山这座拥有百万人口的城市在数十秒内夷为平地，65 万多间房屋倒塌，24 万生灵在睡梦中被葬身废墟，16 万多人重伤……7.8 级的唐山大地震是有史以来破坏性最大的一次地震，犹如一个疮疤印在人们脑海之中。

无法解释的谜团

南京地质学校高级讲师李泰来先生的外甥、外甥女不幸在地震中遇难，当时他立即向单位请假乘火车赶往唐山，从事地质研究的他也很想看看地震究竟是怎么回事。李泰来的弟弟也是研究地质的，两人的想法不谋而合。两人便扛起相机，骑着自行车在唐山市开始了地震考察。一个星期考察下来，两人发现了很多奇异的现象，而这些现象用传统地震学理论根本无法解释。

几种奇特现象

当时唐山地震裂度为 11 度，唐山市的厂房和住宅几乎全被破坏，而有一些建筑却完好如初。

所有的树木、电线杆直立如初，均未直接受害。例如唐山市内 65 米高的微波转播塔巍然屹立于大片废墟之中，而且震后两个微波塔之间仍可直接、准确传递电视信号。这是为什么呢？

唐山的人防坑道除个别有小裂纹外，其他均未受到破坏。原因何在？

唐山大地震遗址

在唐山地震中死伤的人中没有人直接死于震动，绝大部分是因为建筑物坍塌受害。

唐山地震后，除个别地区受采空区塌陷或其他影响出现局部起伏外，绝大部分地面、路面完好如震前，很少出现波浪起伏现象。

唐山启新水泥厂的一栋三层库房，一楼二楼基本完好，三楼的所有窗柱却全部断裂。而且旋转方向和角度各不相同，现存旋转角度最大的一个右旋达四十度，旋转角度更大的当时即已脱落。

建筑体的破坏尤其是砖石结构和水泥制件的破坏一般都是分段裂开，四面开花崩塌。整体歪斜的现象很少，这太奇怪了！

唐山公安学校有三栋三层楼房。形状相同，相互间隔十米平行排列。在地震中，南面一栋完全塌平，中间一栋只是部分散落。而即使在一栋房中有的是第一层破坏比较严重，有的是第二层，有的是第三层。为什么同一区的受震程度会存在如此大的偏差，这又是一个未解之谜。

远古鞋印

1997 年 3 月 20 日，在新疆红山发现了一块奇特的化石，化石表面有个很像人类鞋印的印迹，印迹跟部有一条古鳕鱼印迹。化石出土于古生代二叠纪内陆湖盆的灰岩、页岩和油页岩地层中，距今约 2.7 亿年历史。鞋印的印迹全长 26 厘米，前部最宽处 10 厘米，跟部宽 5 厘米，前宽后窄，并有双重缝印，形态酷似人类左脚穿着皮鞋的鞋印。鞋印内有一条头朝鞋跟部、体长 13 厘米的远古鳕鱼化石，标本背面劈开部分，能看到鞋印受外力挤压后形成的砂土粘连层，前部厚 2 厘米，中部厚 1.5 厘米。劈开后的另一块岩石面上，还有一条大鳕鱼，它与鞋印约成 90 度，埋藏于底部。劈开时大鳕鱼的头、腹粘连于鞋印背面，鳕鱼背、背鳍、尾部均清晰可见。

奇特的化石

这块化石的发现，不仅引起了人们极大的兴趣，还使人们陷入了不解和困惑之中。古代鳕鱼的出现使地层铸上了二叠纪鲜明的烙印，说明它形成于约 2.7 亿年前。考古人员反复研究这块奇特的化石，眼前仿佛再现了 2.7 亿年前发生这起事件的一幕：那是在二叠纪早期，这里是气候湿润的浩瀚湖区，水中鱼虾成群，水龟出没，恐龙的祖先——原始爬行动物在岸上探头探脑，一条调皮的大鳕鱼趁湖水上涨游到岸边戏耍，当湖水退去时，它已经无法游回，便静静地躺在细软的潮泥里永远地睡去了。又经过了很多很多年，大鳕鱼成了化石。当湖泥还湿润且具有弹性时，一只穿着皮鞋的脚踏在了距离鳕鱼尾巴只有半步远的地方，留下了一个注定要在 2.7 亿年后被人类发现的不寻常的印迹。湖水又一次上涨时，一条只有 13 厘米长的小鳕鱼又一次重蹈覆辙，随着湖水游到岸

鲟鱼的样子

边。不幸的是小鳕鱼偏偏钻进了鞋印里。当水流退去后，小鳕鱼也被永远留了下来。鞋印成了它最合适的墓穴。这块吞噬了两条生命的泥地随着不断的沉积，经过了漫长的 2.7 亿万年，鞋印连同鳕鱼形成了这块奇特的化石。

鞋印之谜

从印迹的形态及尺寸上看，它是一只左脚的鞋印，鞋底上的双重缝印迹清晰。岩画上凹陷处，两端深中间浅，其受力前大后小，与人类走路时脚尖着力大，脚弓着力小的原理一致。更加令人不可思议的是，这枚化石与在美国发现的皮鞋印化石非常相似，其双重缝印的痕迹如出一辙。这又是怎么一回事呢？

巨型足印

在四川邦达至昌都的公路边悬崖峭壁上，印有一左一右两个一人余高的巨型神秘脚印。据目测，两个巨型脚印在离地七八米高的悬崖峭壁上，长约 1.4 米，宽约 0.4 米，一左一右前宽后窄，绝非人工雕刻。

足印的发现

据当地人介绍，1997 年扩建邦达至昌都公路时，施工队沿途开山炸石。一声炮响后，一块巨型岩石从此处落下，人们惊讶地发现被炸开的峭壁横切面从下至上有一串巨大的脚印！其中下方 3 个脚印已模糊不清了。

对于这一串神秘脚印，有人说是冰山雪人足迹，有人说是外星人遗迹，考古人员则认为该神秘脚印可能是距今一亿五千万年前古脊椎动物活动的遗迹，并在此脚印旁注明了这一考证结果。

各种巨型脚印

《成都商报》报道了西藏发现1.5亿年前动物脚印的消息，引起了彭州市新兴镇狮山村村民的呼应，原来他们村狮子山一个峭壁由下至上也有一大一小两行神秘脚印，蜿蜒十多米。

面对这种奇怪的现象，人们不禁会问，这两个地方的脚印究竟是谁留下的？有没有什么内在联系？

在狮子山半山腰一峭壁离地十多米高处，陡现一大一小蜿蜒而上的两行脚印。右侧一行脚印长约0.4米，状如人脚形；左侧脚印约0.1米，碎步难辨。

脚印传说

据传，孽龙兴风作浪，水淹彭州，震怒玉帝，二郎神受命收服它，孽龙闻风而逃。带着哮天犬紧迫的二郎神挥剑斩之，孽龙腾身一躲，二郎神一剑把这狮子山腰巨石壁劈为两半。孽龙飞上峭壁，二郎神和哮天犬步步紧逼，遂在峭壁上留下一串脚印。孽龙侧身钻进峭壁左下侧，顺着山洞逃到都江堰，二郎神费尽周折才在都江堰将孽龙制服，镇于伏龙观下。

被"劈开"的裂缝非常平整，内侧生有暗红色苔藓，相传这是二郎神剑劈岩石留下的铁锈。传说中孽龙逃窜时所穿山洞，其洞口如今已被树木掩映。据说上世纪初，当地人组织入洞寻找"通往都江堰"的出口。洞内虽无歧路，但因河沙堵塞，估计有暗河存在，行走艰难。当探险队点燃第七根蜡烛继续前行时，突然阴风大作，吹灭了蜡烛，也吹灭了探险队最后的信心。山洞是否真能通到都江堰？谜底还未解开……

鸟岛之谜

在我国南海西沙群岛中，有一个东岛。东岛面积不过一平方千米，由珊瑚礁堆积而成，树丛茂密，葱翠欲滴，东南侧还有一个小小的淡水湖。优越的自然环境，吸引了众多海鸟前来栖息，估计有 6 万只之多。每天早上晨光初现的时候，海鸟便叽叽喳喳地叫个不停，在巢边跳来跳去，为展翅长空作准备。待到日落时分，海面夕阳如丹，海鸟便三五成群地从四面八方飞回海岛。霎时间，所有的树上停满了海鸟，整个岛屿成了鸟的王国，人们形象地称其为鸟岛。

难解的奥秘

鸟岛虽然没有招引游客的秀丽风光，却有着许多难解的奥秘：

其一，东岛是西沙群岛中唯一的一个海鸟众多的岛屿，西沙群岛中的其他岛屿虽然也有海鸟，但数量远不如东岛。人们不禁要问，西沙群岛诸岛自然环境十分相似，为何东岛能吸引如此众多的海鸟，其他岛屿却不能呢？目前，还无法解释这个问题。

候鸟栖息的鸟岛

其二，鸟岛上海鸟的数量虽多，种类却十分单一，绝大多数系鲣鸟；而其他岛屿上海鸟虽少，种类却较多，这是为什么呢？人们也无法解释。

鲣鸟的天堂

鲣鸟每次产卵一至两枚，

孵化方式比较奇特。它不像一般鸟类那样用身体去孵化，而是用爪来孵卵，用脚爪给卵加温。因为此时鸟爪血流量特别大，爪蹼膜肿胀，又厚又暖，保温效果极好。那么，为什么鲣鸟采取与众不同的这种孵化方式呢？目前尚难以解释。

其四，根据西沙诸岛几乎都有一层厚厚的鸟粪层的事实，不难推测这些岛屿上过去都曾有过一段百鸟云集的盛况。用同位素碳十四测定鸟粪层的年龄，多在四千至五千年，从而又可推知百鸟云集的盛况发生在四五千年以前。初步估计，当时诸岛海鸟总数超过 100 万只，可是，为什么大多数岛屿上如今海鸟已基本不再光顾，而鸟儿为什么只青睐东岛呢？

岩画之谜

1994 年 10 月的一大，云南漾濞县文化馆的一位文化干部到县城外不到十公里的河西乡金牛村处理事情，听村上的医生说起，山上有一巨石，像个带帽的人头，故名"草帽人"。在"草帽"下面有许多影子般的小人、小兽时隐时现，有人说是过去仙人留下的图画，有人又说是神鬼的符咒……这位文化干部立即被吸引住了。凭着多年文化工作的经验，他隐隐约约地意识到，这将会有一个重大发现。他激动起来，请医生带他上山看看。于是，漾濞岩画就这样被发现了。

岩画悬案

就整个画面初步统计，现在可识别的人像共计 107 个，动物 20 头。人像中，高度最大为 48 厘米，最小为 4.5 厘米。从内容来看，这些图画的产生年代应是十分久远的了，到底产生于什么时代？出自什么样的人或人群之手？它到底反映了什么样的生活图景和文化观念？尚待进一步的探索和发现。

岩画揭密

漾濞江从金牛村的旁边流淌而过，江面海拔为 1530 米，金牛村的海拔是 1570 米，从金牛村出去，经过山脚下的松林村，然后开始登山，如果体力好，不在路上耽搁，一小时后即可到达岩画地点。这里的海拔是 2020 米。作为岩画载体的那块叫做"草帽人"的大石头，远远地从侧面看去，与其说是像戴草帽的人，不如说是更像一口大寿材。岩画就在寿材大头的一侧，从正面看，才像一个戴帽子的人头，伸出来的"帽檐"正好为下面的画面挡住了许多风雨霜雪。这无疑是岩画得以保存至今的重要原因。

岩画

从岩画的一侧测量，这块石头距地面最高处有 9.05 米，全长 23 米，总面积约 108 平方米，岩画面积约 21.6 平方米。画面估计是由赤矿粉和动物血做颜料绘制而成的，大多呈赭褐色，少量偏黄。细看不难发现，一些原有模糊的图像又覆盖上了另外的图画或几个手掌印，估计是这些画的创作历经了很多年。

可惜岩画左上角已经剥落，中间被雨水冲刷去了一小部分。现在能见到的画面情形是：右上方是一头硕大的野牛的侧面像，高两米多，似奔跑状，牛头和牛前腿画得生动有力，但牛身的后半部却剥落难辨了。画面的左下部有一头被围栏圈住的野兽，似熊，熊下面有一栏杆似的建筑，也像一个被围住的动物……岩画留下的谜团实在太多了。

远古巨石

解放前，日本学者鸟居龙藏曾对分布在我国东北的巨石进行过研究，称赞道"此等遗迹，殆分布于全世界中。而中国迄今尚无调查报告，实为奇异。中国考古学界，对于史前陶器之研究颇盛，而对巨石文化研究，则尚付阙如，实在遗憾"。

石棚之谜

辽宁省盖县石棚山遗址的石棚，盖石长 8 米多，宽近 6 米。厚 0.4 ~ 0.5 米，重达几十吨，单凭人力把这硕大的石板支架到 2 米左右高的石柱上面去，实在令人称奇。而且，大石棚的墨石与盖石多经仔细加工磨制，壁石套合也很整齐，有的刻有沟槽，和铺底石结合在一起。这样宏大的古代建筑，即使现在农村也不容易再修，更何况科学技术落后的原始社会呢？

石棚究竟是做什么用的？它的性质如何？它究竟产生于什么时代？在什么时代被废弃？为什么石棚常三个或四个在一起……这一系列问题，引起了一些考古学者半个世纪的沉思和争论。

石棚的用途

法国《人类学辞典》在 19 世纪末对石棚的解释是：在三或四块巨石之上，支架一块扁平的巨大天井石，故亦称"石桌"。德国称之为"巨人之墓"，比利时称为"恶魔之石"，葡萄牙叫做"摩尔人之家"，在法国则有"仙人之家"和"商人之桌"两种俗名。在我国辽东半岛，有石棚的农村多流传着"姑嫂修石升天"的故事，故习称"姑嫂石"。而朝鲜半岛则流传着天上的巨神把石桌移到人间的神话。

目前，有的专家认为这是一种巨石坟墓，意义如同埃及的金字塔；有的学者认为它是一种宗教祭祀建筑物；有的人认为它是古代氏族举行各种活动的公共场所……

过去大量考古学者把广泛分布于世界的石棚、立石桩、环石、列石、石褐和积石墓等古代巨石建筑，统称为"巨石文化"。今天看来，上述建筑所在地地域广袤、种类不一、延续时间又很长，有的从新石器时代开始一直到青铜时代甚至更晚，因而再将世界各地、各个不同时期的巨石建筑笼统称之为"巨石文化"似觉不妥。

石棚研究的遗憾

半个世纪过去了，我国的考古事业正处于"黄金时期"，但是认真研究"巨石文化"的考古工作者仍寥寥无几，这一方面是因为古代遗留巨石建筑数量较少、分布不广；另一方面原因则是这种巨石建筑缺乏文献典籍资料可依，也没有民族学等材料可循，仅在民间留下了许多传说而已。

长寿之乡

"石山王国"位于巴马地区，平均海拔 300~600 米，最高的塔云山达 1216 米。境内峰峦叠嶂，怪石嶙峋，岩石裸露，洼地密布，形成星罗棋布大大小小的"弄场"数千个，素有"千山万弄"之称。这里年降水量 1600 毫米，"暴雨一来土冲光，雨过天晴旱死秧"。上世纪八十年代以来，这一带大部分人均纯收入在 200 元以下，半数以上的人尚未解决温饱问题。然而，这里的人们竟能安居乐业，还可以长命百岁呢！

西山乡

在巴马,最有名的贫困之地和长寿之乡就是西山乡。全乡总面积150平方千米,耕地仅占2.8%,人均口粮105公斤,人均收入169元。

奇怪的是,就在这一带出了许多寿星,据说在深山弄场里有,附近寨子里更多。长寿的人多不在山上,而是聚居于山下那些山间洼地的底部。一个几百平方米的洼地,从洼底到山顶,往往有二三百米之差。大部分山民,从小到老就同这些山山洼洼相伴。开门就见山,出门就爬坡,日出而耕,日落而归,入夜而宿。寨子里有一位壮族女寿星,名叫杨美香,是年105岁。她曲着身体,匍匐走路,显得有些营养不良,但坐卧吃喝自如。据说她一顿能吃两碗饭,用火麻油炒菜。她还有五个儿女,大女儿年过80岁,小儿子也有72岁,生活都能自理,还能劳动。据了解,一般百岁老人,从年幼就能参加生产劳动,每天闲不着,干活可达10个小时以上。直到晚年,也能从事轻微的体力劳动。

风光靡丽的长寿之乡

长寿之谜

西山乡贫困、封闭、交通不便，但却是宁静、幽雅、山清水秀的世外桃源，主产玉米、黄豆，还有红薯、水稻、豌豆、小米、火麻、芭蕉等食用作物；菜类有南瓜苗、南瓜、黄瓜、竹笋、苦马菜、红曹嫩叶；食油常用火麻子油、油茶子油、黄豆油。

特别值得一提的是火麻子与火麻油。壮民们介绍，用火麻子喂鸡，蛋大，味道鲜美。据有关专家化验，火麻子含有油酸、亚麻酸、亚钠酸等多种营养物质和微量元素，且易溶解于水，更易于为人体吸收，具有很强的抗衰老功能。当地作为主粮的玉米，富含维生素 B1、维生素 E 和胡萝卜素，营养价值亦高于其他产地。壮、瑶和汉民们还喜欢喝用当地粮食酿造的一种土酒和用名贵中药蛤蚧泡制的蛤蚧酒等补品。至于它们同长寿的关系，还有待进一步探索。

南海幽灵岛

1933 年 4 月，法国考察船"拉纳桑"号来到南海进行水文观测。该船在海上不停地来回航行，进行水下测量的作业。突然，船员们见到在上一回驶过的航道上竟矗立起一座无名小岛，岛上林木葱笼，一片热带景象。可在半个月后，当他们再来这里测量时，却又不见了这座小岛的踪影。因此，船员们将该小岛称为"幽灵岛"。

"联盟"号的发现

三年后，即 1936 年 5 月的一个夜晚，一艘名叫"联盟"号的法国帆船航行在南海海域。这艘新的三桅帆船；佳备驶往菲律宾装运椰子。"正前方，有一个岛！"一名水手突然一声呼叫，顿时惊动了船上的所有船员。

　　船长苏纳斯马上来到驾驶台，用望远镜进行观察。他清清楚楚地看到了一个小岛，感到十分纳闷，航船的航向是正确的，这里离海岸还有二百五十海里，过去经过这里时从未见过这个小岛，难道它是从海底突然冒出来的吗？可是岛上密密的树影，又不像是刚冒出海面的火山岛。

　　船长命令舵手右转九十度，吩咐水手立即收帆。就这样，"联盟"号才缓缓绕过了这座神秘的小岛。这时，船员们都伏在右舷的栏杆上，注视着前方。朦胧的夜色映衬着小岛上摇曳的树枝，眼前出现的事，真如梦境一般。

　　过后，船上航海部门的人员赶紧查阅航海图，进行计算，确定船的航向准确无误，罗盘、测速仪也工作正常。再查看海图，可那上面根本就没有这片海域有小岛的记载，而且，每年都有几百、上千条船经过这里，它们之中谁也没有发现过这个岛屿。

　　几分钟后，前面的岛屿忽然不见了，可过了一会儿，它却又在船的另一侧出现了！船长和他的同事们紧张地观察着出现在他们面前的如同黑色幕布般的阴影。突然一声巨响，全船剧烈地摇晃起来。紧接着，船体发出了嘎吱嘎吱的声响，桅桁和缆绳相扭结着，发出阵阵

美丽的南海观音

的断裂声。一棵树"哗啦"一声倒在了船首，另一棵树倒在了前桅旁边，树叶飒飒作口向，甲板上到处是泥土和断裂的树枝、树皮。树脂的气味与海风的气味混杂在一起，使人感到似乎大海上冒出了一片森林。船长本能地命令右转舵，但船头却突然一下子翘了起来，船也一动也不动了。

船员们一个个惊得目瞪口呆。显然——船搁浅了。

难解之谜

天终于亮了，船员们终于看清大海上确实有两座神秘的小岛，"联盟"号在其中的一个小岛上搁浅了，而另一个小岛约有一百五十米长，它是一块大礁石。

好在船的损伤并不严重。船长吩咐放两条舢板下水，从尾部拉船脱离浅滩。船员们在舢板上努力划桨，一些人下到小岛地面使劲推船，奋战了两个多小时，"联盟"号终于脱险。"联盟"号缓缓地驶离。两个小岛渐渐地消失在人们视野之中……

"仙字潭"之谜

在闽南华安县汰内乡音田村附近有一深潭，名"仙字潭"，传说里面包含着中国东南地区古代的历法和社会情况，谁破译了这些密码，谁就能揭开这片土地的秘密。

潭北岸蚶盘山的峭壁上，留有不少古代文字石刻，因无人识得，传为仙人所留。这些文字刻在蚶盘山自东西长的二十米的天然峭壁上，高约三十米，下距水面约二米，所刻文字多者一二十，少者仅一二字。这些字排列无序，笔划不整，深浅不一，字作人形、兽形，还有些形似楷书。

自 20 世纪初以来，仙字潭即引起中外学者的广泛注意。但学者们仁者见仁，智者见智，并未形成统一的看法，争论的焦点在对仙字潭文字的释读、石刻的年代以及文字的族属等问题上。

在诸多问题中争论得最激烈的当属族属问题。迄今为止，共有四种观点，即蓝雷族说、古吴或先吴说、七闽族说以及古越族说。其中古越族说，无论从地域及历史背景，还是从石刻文字形态结构、内容进行分析，所得结论都显得较为成熟。

对石刻文字释读的结果有截然不同的两种观点：一种观点认为是记

仙字潭

载了当时的吴部落征伐越族某一部落胜利后的情景；另一观点则认为石刻所反映的是处于奴隶社会时期的古越人庆贺收成、祭祀祖先的场面。

对仙字潭石刻的年代也是众说纷纭。有的把年代最晚定在隋唐；有的认为其最早不过商末，下限在春秋晚期；也有的认为可能在商周之间，距今约二三千年。关于石刻年代论述得比较具体的是福建岩刻字流行的时代，应当是在楚灭越时，大约是在战国晚期；至于这种"古越文"产生的时代，可能在战国初期，甚至上推到春秋时期为最晚，应比隋唐早，但不晚于西汉初期，即不晚于武帝强令东越、闽越北迁江淮之时（公元前110年左右）。

如此神秘的仙字潭，一切都是那么引人遐想，相信随着人们对其认识的提高最终可以揭开它身上的那件神秘面纱。

三峡八卦阵

诸葛亮塑像

传说中，诸葛亮八阵图位于三峡东端的奉节与白帝城之间。这片离岸边不远的一片沙洲上有一堆一堆的石迹，外观无甚奇特，但却有一段颇为玄秘的传说：

三国时，诸葛孔明为了使东吴大将陆逊不敢入蜀，曾在此布下八阵图。凡入阵者，顿觉云雾缭绕，天昏地暗，耳间似有千军万马与号角、喊杀之声，使人畏而却步。

八卦奇图

千百年来，无数文人墨客在八阵图遗迹留下了许多千古名篇，其中最有名者应属杜甫的"功盖三分国，名成八阵图。江流石不转，遗恨失吞吴。"

据史料记载，诸葛武侯确曾到过奉节地区。东汉建安十七年（212年）他率军西上入川，经过这里；十一年后，他又赴白帝城接受刘玄德托孤。据说他曾在此推演兵法，作八阵图。而且，他一直受到当地百姓的爱戴与怀念，后来甚至形成了农历正月初七，当地百姓结伴纵游八阵图的传统，成了当地的风俗。据说，有个姓赵的渔民，在八阵图的沙迹上拾到一块枕头形状的石头，带回舟中，每到天将破晓，石枕便会发出鸡鸣声。于是他将石头破开，发现里面有"诸葛鸡鸣枕"五字，从此人们对其"鞠躬尽瘁"的精神更加崇敬。

玄奥的八卦图

经史学家和地质学家研究，八阵图的可能是长江和梅溪河洪水冲下的泥沙淤积导致。迹坝露出水面时，还有盐卤从地下石缝中溢出。古时人们曾在此垒石建灶取卤煮盐；春秋战国时期，巴、楚两国黎民百姓还曾为争相取盐而厮斗，甚至两国兵戎相见。当时也许有排兵布阵的场面出现，不过那是远在三国时代之前的事了。八阵图的传说很动人，但是它对长江航运却构成了威胁。近年来，该地挖石取沙，以保证在不损三峡盛景的前提下，既使主航道畅通，又为白帝城建筑施工提供沙子与石块，可谓一举数得。

"鬼城"之谜

作为道家七十二福地之一的名山，道观鳞次栉比，因苏轼诗云"平都天下古名山"而得名。名山孤峰耸翠，古木参天，直插云霄。殿堂庙宇，飞檐流丹。下临长江，烟波浩渺，气象万千，构成了一幅多姿多彩的山水画卷。名山的闻名还要与鬼城联系到一起。

鬼城的传说

东汉刘向所著《列仙传》，东晋葛洪所撰《神仙传》，皆称平都山（今名山）为阴长生、王方平成仙飞升之地。随着往来平都山探访者络绎不绝，阴、王二仙的故事也广泛传扬，后人误将阴、王传为"阴王"而说阴王乃"阴间之王"。阴王既然在丰都名山，"鬼城"、"幽都"自然当是在丰都了。

还有人说，名山是丰都大帝管辖的阴曹。清《玉历宝钞》记载："阴曹地府"的最高统治者是"丰都大帝"。该书还杜撰了丰都"鬼城地府"的机构设置——有十殿及所辖十八层地狱，有枉死城、奈何桥、血河池、望乡台等，主要人物之首为丰都大帝。他管十殿阎罗、四大判官、十大阴帅、城隍、无常、孟婆、大小鬼率以及各岗位设置、阴法刑律的制定等。

名山演变和发展，至上世纪40年代末期已形成了天子殿、大雄殿、百子殿、玉皇殿、千年殿、九蟒殿等十二殿狱的寺庙和"阴曹地府"近百个鬼神雕塑，在全国别具一格，在东南亚各国享有盛誉。

每年前来探究"鬼城"的学者和游人络绎不绝。

鬼城"鹿鸣寺"

离名山不远的地方，还有一座雄姿挺拔的双桂山，他位于丰都县城西北。那里风光妩媚，一扫名山的鬼气。历史上，双桂山曾称为鹿鸣山。

神秘的鬼城

早在唐代就在山上建立了"鹿鸣寺",后到明朝天顺丁丑年间(公元1457年),由邑进士官授江西按察司检事杨大荣捐资扩建。

寺庙雄伟,盛名远扬,它分为上、中、下三个大殿,飞檐斗拱,气势磅礴,内塑有佛爷、观音、地藏、十八罗汉等菩萨,两廊并有历代名流词赋和碑林等珍贵文物。鹿鸣寺结构精巧,依山傍水而立的"观音阁"、"道子堂",在寺侧显目的位置,犹如镶嵌在双桂山上的两颗明珠。寺内还有一口四时常流的"玉鸣泉"。泉水水质纯瑕,洁净甘甜,有"老龙水、还童水、长生水"的美称。

玛瑙湖之谜

玛瑙并不少见,但如果在几十平方公里甚至更大的面积内,由玛瑙结成了一片"湖",恐怕就没多少人敢相信了。然而,在内蒙西部的茫茫戈壁中,就有一个神奇玛瑙湖。玛瑙湖总面积大约四万多平方公里,仅湖心地区就达几十平方公里。湖里不但有玛瑙,还有蛋白玉、风凌石、水晶石等多种宝石,是一块名副其实的璀璨宝地。只是由于它地处内蒙西部的茫茫戈壁之中,世人很难见到她的真面目。

玛瑙与人类古代文明

玛瑙作为玉髓的变种,其颜色美丽多变、透明度不同而呈现出神话般玲珑剔透的色彩,历来受到人们的喜爱,被用作装饰品。美索不达米亚是世界上最早的文化发源地之一,那里早期的居民沙美里亚人,用玛瑙来做图章、信物、戒指、串珠和其他艺术品,他们在隆重仪式中使用的玛瑙斧头和其它玛瑙制品以示庄重。

神奇的玛瑙形成的过程

玛瑙饰品

科研人员认为，大约一亿年以前，地下岩浆由于地壳的变动而大量喷出，熔岩冷却时，蒸气和其他气体形成气泡。气泡在岩石冻结时被封起来而形成许多孔洞。很久以后，孔洞中浸入了含有二氧化硅的溶液，凝结成硅胶。含铁岩石的可溶成分进入硅胶，最后二氧化硅结晶为玛瑙。

玛瑙宝石之王

玛瑙在宝石中的价值并不高，但在玛瑙湖发现了世界上最为奇特的"玛瑙雏鸡"。从表面看它似乎也就是石头，可当科研人员用激光照射这块石头的内部时，里面竟然有一只小鸡，小鼻子、小眼、小嘴巴清晰可见栩栩如生。一般情况下动物化石是硅化物，可这只生动逼真的小鸡却出现在这亿万年风雨的杰作——玛瑙之中，着实令人惊叹不已又困惑不已。